Kaiser & Schmarrn

Unser Verlagsprogramm finden Sie unter
www.christian-verlag.de

Produktmanagement: Tanja Germann,
Caroline Colsmann, Janna Heimberg
Textredaktion: Anja Ashauer-Schupp
Korrektur: Petra Tröger
Layout, Satz und Umschlaggestaltung:
griesbeckdesign, München

Text und Rezepte: Margit Proebst
Fotografie: Fotos mit Geschmack, Ulrike Schmid
und Sabine Mader
Foodstyling: Margit Proebst

Druck und Bindung: Printer Trento
Printed in Italy

Die Deutsche Nationalbibliothek verzeichnet diese Publikation in der Deutschen Nationalbibliografie; detaillierte bibliografische Daten sind im Internet über http://dnb.d-nb.de abrufbar.

© 2010, Christian Verlag GmbH, München
1. Auflage 2010
Alle Rechte vorbehalten.

ISBN 978-3-88472-887-1

Alle Angaben in diesem Werk wurden von der Autorin sorgfältig recherchiert und auf den aktuellen Stand gebracht sowie vom Verlag geprüft. Für die Richtigkeit der Angaben kann jedoch keinerlei Haftung übernommen werden. Für Hinweise und Anregungen sind wir jederzeit dankbar. Bitte richten Sie diese an:

Christian Verlag
Postfach 400209
80702 München
E-Mail: lektorat@verlagshaus.de

MARGIT PROEBST

Kaiser & Schmarrn

100 österreichische Klassiker von Backhendl
bis Marillenknödel

Inhalt

Vorwort 7

K. u. k. Küche 8
Österreichische Küche heute 10
Wiener Gastlichkeit – Kaffeehaus, Beisl und Heuriger 12

Aus dem Suppentopf 14

Klare Sache 16
Rindssuppe 18
Mit feinen Einlagen 21
Von deftig bis edel 24

Wiener Wirtshausküche 32

Deftig und bodenständig 34
Von Krautfleckerln bis Eiernockerln 36
Gulaschvariationen 49
Von Beinfleisch bis Backhendl 61

Feine Festtagsküche — 68

Klassische Spezialitäten	70
Feine Vorspeisen	72
Aus Fluss und See	79
Von Wiener Schnitzel bis Zwiebelrostbraten	85
Von Tafelspitz bis Martinigansl	97

Mehlspeisen — 106

Süßes zum Sattessen	108
Palatschinken	110
Süße Knödel und Nudeln	116
Kaiserschmarrn	139
Zum Aufstreichen und Füllen	150

Zum Kaffee — 152

Melange, Einspänner & Co.	108
Strudelvariationen	156
Knusprig Ausgebackenes	173
Von Törtchen und Schnitten	177
Von Biskuitroulade bis Sachertorte	181

Register	188
Glossar	191

Vorwort

Backhendl, Kalbsgulasch und Tafelspitz, Palatschinken, Kaiserschmarrn und Apfelstrudel – allein die Vorstellung zaubert den meisten ein feines Lächeln ins Gesicht. Die österreichische Küche verspricht *vielfältige Genüsse* – von bodenständig bis raffiniert, von einfacher Hausmannskost bis zu höfischer Festtagsküche.

Der Hintergrund? Über die Jahrhunderte hat sie *das Beste* aus der ungarischen und böhmischen Küche in sich aufgenommen, hat italienische und französische Einflüsse willkommen geheißen und wie selbstverständlich integriert. So entstand eine unvergleichliche Mischung *weltweit beliebter Klassiker,* die zum festen Repertoire der heutigen Genießerküche gehören. Viel Spaß beim Nachkochen!

K. u. k. Küche

Ist von österreichischer Küche die Rede, meint man im Allgemeinen die *Wiener Küche,* wie sie sich im 19. Jahrhundert zu Zeiten der kaiserlichen und königlichen Monarchie Österreich-Ungarn herausgebildet hat.

Von 1867 bis zum Beginn des Ersten Weltkriegs erstreckte sich das habsburgische Herrschaftsgebiet vom heutigen Österreich über Böhmen, Mähren, die Slowakei, Kroatien, Slowenien, Bosnien und Dalmatien bis nach Ungarn, dazu gehörten noch Teile von Italien, Rumänien, Russland, Polen und der Ukraine. Die Hauptstadt Wien wurde zum strahlenden kulturellen Mittelpunkt des Reiches und zum kulinarischen Schmelztiegel für die Küchenschätze der Kronländer.

Der Ruf Österreichs in der Welt ist untrennbar mit der Wiener Küche, nicht zuletzt deren unvergleichlichen Süßspeisen, verbunden. Dabei sind die meisten gar keine Wiener Erfindung.

Ein Hoch den böhmischen Köchinnen

Zur Kaiserzeit waren in jedem größeren Haushalt Köchinnen beschäftigt, und diese stammten aus Böhmen, Mähren, Ungarn oder vom Balkan. Die böhmischen Frauen hatten Rezepte für Mehlspeisen im Gepäck und erfreuten ihre Herrschaft mit warmen Nachspeisen, die diesen das Wasser im Munde zusammenlaufen ließen: Zwetschkenknödel (tschechisch: *švestkové knedlíky*), Buchteln (*buchta*) und Golatschen (*kolá*) zum Bespiel – die Namen bezeugen ihre böhmische Herkunft. Palatschinken kamen über Umwege nach Wien: Sie sind eine Abwandlung der französischen Crêpes, die über Rumänien (*placinta*) den Weg nach Ungarn (*palacsinta*) fanden und schließlich von Böhmen aus (*palčinka*) nach Wien gelangten. Aber was gibt es Wienerischeres als den Strudel? Weit gefehlt! Die ursprünglich türkische Süßspeise kam via Ungarn nach Wien. Außerdem verdanken wir den Türken neben dem Kaffee und den Kipferln (den französischen Croissants ähnliche Hörnchen) auch Gewürze wie Zimt und Nelken.

Delikate Hauptgerichte

Ähnlich wie viele Mehlspeisen sind einige der als heute typisch wienerisch angesehenen Gerichte dort zwar veredelt, aber doch aus fremden Küchen übernommen worden. So soll für den Tafelspitz das italienische *bollito* Pate gestanden haben. Dass das Gulasch ungarische Wurzeln hat, wussten Sie vermutlich schon (falls nicht, können Sie es auf Seite 35 nachlesen) und das Beuschel ist vermutlich ein jüdisches Gericht, das aus Ostgalizien nach Wien kam. Bei den Beilagen ist es nicht anders: Knödel stammen eindeutig aus Böhmen.

Auch wenn die österreichische Küche vielfach mit der Wiener Küche gleichgesetzt wird, so haben neben den Kronländern auch die Bundesländer ihr Scherflein zum Küchenrepertoire beigetragen: Niederösterreich, das größte Bundesland und die Kornkammer Österreichs, brachte feine Wildgerichte ein, im Burgenland verstand man sich schon immer besonders gut auf die Fischzubereitung, die Steiermark ist die Wiege des Kürbiskernöls, das mit seinem unvergleichlich nussigen Aroma Suppen, Salate und vieles mehr verfeinert, und in Salzburg als Sitz des Erzbischofs schätzte man von jeher verfeinerte Genüsse wie zarte Forellengerichte und Salzburger Nockerln. Wer die Rezeptliste in diesem Buch aufmerksam liest, wird noch weitere »zugewanderte« Gerichte wie Tiroler Gröstl, Terlaner Weinsuppe oder Linzer Torte entdecken.

Kaiser Franz war gutem Essen sehr zugetan, er liebte Rindfleischgerichte wie den Tafelspitz. Aber auch für Mehlspeisen hatte er etwas übrig. Konnte ein Gericht seinen Gaumen ganz besonders erfreuen, bekam es das Prädikat »kaiserlich«: Kaiserschöberln, Kaiserschmarrn oder Kaisersemmeln sind Beispiele dafür. Wer – auch in anderen Bereichen – den Hof durch hervorragende Qualität überzeugen konnte, durfte sich künftig k. u. k. Hoflieferant nennen. Liebevoll gepflegte Ladenschilder künden in Wien noch heute von dieser überaus verkaufsfördernden Tradition.

Bier, Wein und Kaffee

Zum Essen trinkt der Wiener am liebsten Bier. Mit 108 Litern liegt der Pro-Kopf-Verbrauch im europäischen Vergleich im oberen Drittel. Wein dagegen wird weniger getrunken, als so mancher vielleicht erwartet hätte: Um die 30 Liter im Jahr sind für ein Land mit herausragenden Weinen ein eher bescheidener Wert. Kaffee schließlich gehört zur Wiener Lebensart seit der Armenier Johannes Diodato im Jahr 1685 mit kaiserlicher Genehmigung seinen ersten Kaffeeausschank eröffnete. Auch wenn den Wienern das Originalgetränk anfangs zu bitter war, gefiltert und mit Honig, Milch oder Obers verfeinert wurde der Türkentrank schnell zum Renner. Und das ist er bis heute geblieben. Ihm wird nicht nur in den unzähligen Kaffeehäusern und Café-Konditoreien gefrönt, sondern auch zu Hause trifft man sich gerne zum Kaffeeplausch.

In der modernen Spitzengastronomie setzt man auf frische Produkte aus dem Umland, die dann angeboten werden, wenn sie am besten schmecken – damit rennt man in Österreich offene

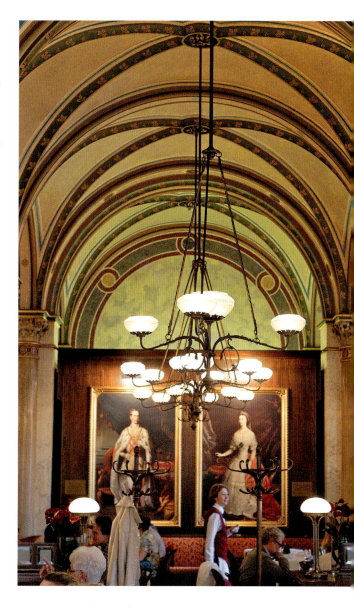

Die Porträts von Kaiser Franz Joseph I. und seiner Gemahlin Elisabeth, genannt Sissi, nobilitieren das neoklassizistische Ambiente des »Café Central« und zeugen von der Verbundenheit mit der Kaiserzeit.

Österreichische Küche heute

Zeitlose Eleganz und zurückhaltende Farben kennzeichnen *das Ambiente* vieler moderner Gourmet-Restaurants.

Auch Trendcafés legen Wert auf *klare Linien* und überzeugen mit moderner Ausstattung.

Schraubverschluss und Glasstöpsel haben den Korken im österreichischen Weinhandel weitgehend verdrängt.

Die passenden Gläser für *die feinen Tröpfchen* liefern österreichische Manufakturen.

Türen ein. Dort hat man diesen Trend frühzeitig erkannt und sich das Motto »regional und saisonal« auf die Fahnen geschrieben. Das funktioniert nur Hand in Hand mit der Landwirtschaft: Folgerichtig arbeiten in Österreich rund 10 Prozent aller Landwirte nach der biologisch-dynamischen Wirtschaftsweise – ein im internationalen Vergleich ausgesprochen hoher Wert. Auch in der konventionellen Nahrungsmittelproduktion legt man Wert auf Qualität. Und beim privaten Einkauf schließlich greifen Österreicher öfter zum regional erzeugten Bioprodukt als die Konsumenten anderswo.

Neben hochwertigen Grundprodukten sind auch regionaltypische Rezepturen wieder gefragt. Und da hat die Wiener Küche eine Menge Gourmettaugliches zu bieten: Tafelspitz und Backhendl, Hechtnockerln und Rehrücken munden heute wie damals. Im modernen, leichten Gewande erobern die Traditionsrezepte der Kaiserzeit die Toprestaurants der Welt. Ein Beleg: Das amerikanische Feinschmecker-Magazin »Bon Appetit« kürte kürzlich die österreichische Gastronomie zur Küche des Jahres 2010.

Mehlspeisen

Wien war von jeher ein Paradies für süße Schleckermäuler. Und die Mehlspeisen der Kaiserzeit sind beliebt wie eh und je. Ob Gefülltes und Gebackenes aus Strudel-, Germ-, Topfen- oder Erdäpfelteig als Hauptgericht oder feine Krapfen, Täschchen, Schnitten oder Torten zum Kaffee – die Konditoren aus aller Welt nehmen bis heute gerne Anleihen aus dem Rezeptefundus der Hauptstadt. Selbst in die moderne Haubenküche (Spitzenköche werden in Österreich nicht mit Sternen, sondern mit Hauben, also Kochmützen, ausgezeichnet) haben sie Eingang gefunden: Hauchzarte Palatschinken mit raffinierter Füllung, luftige Topfensoufflés mit Früchten der Saison oder gästefeine Varianten von »Mandelkoch« oder »Mohr im Hemd« brauchen den Vergleich mit aktuellen Dessertkreationen aus Frankreich oder Italien nicht zu scheuen. Einige dieser Rezepte habe ich ins Kapitel »Mehlspeisen« (ab Seite 106) aufgenommen. Sie sind der perfekte Abschluss eines gehobenen Menüs.

Altes junges Weinland Österreich

Die Ursprünge des österreichischen Weinbaus gehen vielleicht schon auf die keltische Zeit, sicher aber auf die Römerzeit im 3. Jahrhundert zurück. Zu Beginn des 16. Jahrhunderts hatte er seine größte Ausdehnung. Zwei Katastrophen sind die traurigen Fixpunkte in der Neuzeit: Die erste war das europaweite Weinstocksterben infolge von Reblaus- und Pilzbefall ab dem Jahr 1867. In der Folge wurden zum Wiederaufbau Weinbauvereine und Winzergenossenschaften sowie 1860 die erste österreichische Weinbauschule in Klosterneuburg (heute die älteste noch existierende der Welt) gegründet. Dort gelang es, mithilfe amerikanischer Rebstöcke widerstandsfähigere Rebsorten wie Zweigelt und Blauburgunder zu züchten und langsam die Erträge wieder zu steigern.

Der zweite Einbruch erfolgte nach dem Glykolskandal von 1985: Einige Winzer brachten durch Beimischung von Diethylenglykol zu angeblichen Prädikatsweinen den österreichischen Weinbau für Jahre in Verruf. In der Folge wurde das in Europa bis dato strengste Weingesetz verabschiedet, das eine junge Winzergeneration umsetzte, die zu der Zeit in vielen Betrieben die Verantwortung übernahm. Innerhalb weniger Jahre schafften sie es zu internationaler Anerkennung, die sich heute in zahlreichen Auszeichnungen für österreichische Weine niederschlägt. Die vor allem produzierten Rotweine sind Zweigelt und Blaufränkischer und bei den Weißweinen Schilcher und Grüner Veltliner.

»Es wird a Wein sein ...

... und mir wern nimmer sein«, heißt es in einem alten Wienerlied. Der da besungen wird, ist der »Heurige«, womit sowohl der junge Wein selbst als auch die Wirtschaft bezeichnet wird, in der man ihn ausgeschenkt bekommt. Der junge Wein wird traditionell am 11. November, zu Martini, »getauft«. Dann bringt der Weinbauer gut sichtbar über dem Eingang einen grünen Buschen (ein Bündel Föhrenzweige) an. Damit ist »ausgsteckt« und für jedermann sichtbar, dass hier der neue Wein zu haben ist.

Für den saisonal begrenzten Ausschank braucht der Heurigenwirt keine Gastgewerbekonzession. Neben dem Wein vom eigenen Weinberg und eventuell selbst gebranntem Schnaps darf er nur alkoholfreie Getränke und kalte Speisen wie heimische Wurst- und Käsesorten, Geräuchertes, Salate und Brotaufstriche anbieten. Bis in die 1960er-Jahre hinein war es sogar wie in den Münchener Biergärten erlaubt, sich sein Essen selber mitzubringen. Neben den echten Buschenwirtschaften gibt es um Wien etliche sogenannte »Heurigen-Restaurants« oder »Stadt-Heurige«, die als Gastronomiebetriebe mit erweitertem Angebot eher auf Touristen zugeschnitten sind.

Im Kaffeehaus

»Haben Sie noch einen Wunsch?« – diese ungeduldige Nachfrage werden Sie von einem Ober in einem Wiener Kaffeehaus nie zu hören bekommen. Anders als in einem normalen Café können Sie sich dort bei einem einzigen Kaffee stundenlang aufhalten, eine der vielen ausliegenden Zeitungen lesen, sich unterhalten oder einfach das bunte Treiben beobachten. Er wird im Gegenteil unaufgefordert das gratis dazu servierte Glas Leitungswasser erneuert, sobald Sie es ausgetrunken haben.

Die große Zeit der Kaffeehäuser im späten 19. und frühen 20. Jahrhundert als Künstler- und Literatentreff ist zwar unwiderruflich passé, aber bis heute sind sie vielen Wienern kulturelles Zentrum, Büro und gemütliches Wohnzimmer in einem. Ob klassisch eingerichtet mit Marmortischchen und Thonetstühlen wie das »Central«, gemütlich-plüschig wie das »Hawelka« oder stilvoll-modern wie das »Drechsel« – sie alle haben ihre Stammgäste. Neben einer Reihe von Kaffeespezialitäten (siehe Seite 154) bekommen Sie dort Kuchen, Torten, Mehlspeisen und kleine herzhafte Gerichte wie Würstel. Viele sind auch zum Café-Restaurant erweitert und bieten eine breite Palette an Gerichten der Wiener Küche an.

Das Beisl

Im Zuge der Industrialisierung schossen im 19. Jahrhundert einfache Wirtshäuser für die aus dem Umland zugewanderten Arbeiter aus dem Boden. Die wenigsten hatten eine Kochgelegenheit in ihrer Unterkunft, für die Verköstigung sorgte das Beisl um die Ecke. Aus dieser Zeit rührt die bis heute gültige Sitte her, dass Beisl früh öffnen und Gerichte wie Gulasch und Innereien bereits als Gabelfrühstück am frühen Vormittag anbieten. Wer im Morgengrauen zu arbeiten anfängt, braucht schließlich zeitig etwas Kräftiges.

Im 20. Jahrhundert folgte der kontinuierliche Niedergang: Zwischen Erstem und Zweitem Weltkrieg versorgten billige Volksküchen das einfache Proletariat. Nach dem Krieg entstanden nach und nach Imbisse, bei denen man sich mittags schnell und preiswert sättigen konnte. Mit dem aufkommenden Wohlstand ging man zwar nun öfter auch mal abends zum Essen aus. Da aber lockten erst jugoslawische, dann italienische, später asiatische Restaurants mit neuen und interessanten Gerichten, die so mancher aus den ersten im Ausland verbrachten Urlauben kannte. Die einfachen Wirtshäuser wurden überflüssig und verschwanden zunehmend aus dem Stadtbild.

Nicht wenige Wiener bedauerten diese Entwicklung und setzten sich in den 1970er-Jahren in einer Art Bügerinitiative für die Wiederbelebung dieser Altwiener Einrichtung ein. Ziel der sogenannten Beisl-Renaissance war es, Traditionswirtshäuser behutsam zu restaurieren und die alten Gerichte zu zivilen Preisen wieder auf die Speisekarte zu setzen.

Wiener Gastlichkeit

Das Beisl lädt mit deftiger Hausmannskost und frisch gezapftem Bier zum Verweilen ein.

Im »*Café Central*« erinnert die lebensgroße Sitzfigur des Peter Altenberg an die große Zeit der legendären Kaffeehausliteraten.

Im »*Hawelka*« scheint die Zeit stehen geblieben zu sein, hier bestimmen nach wie vor Ruhe und Gelassenheit die Atmosphäre.

Bei einem *kleinen Braunen* oder einer *Melange* können Sie stundenlang die Zeitungen studieren – kein Ober wird Sie dabei stören.

Aus dem Suppentopf

Zu einem Teller Suppe *als Auftakt* sagt kein Wiener Nein. Eine klare Rindssuppe mit einer feinen Einlage, lockeren Grießnockerln oder knusprigen Schöberln beispielsweise, ein wenig Schnittlauch darauf – ach, wie gut! Sie schenkt *ein wohlig-warmes Bauchgefühl* und bereitet den Magen auf die kommenden Genüsse vor. Dass sie auch sättigt und der Hauptgang deshalb nicht ganz so üppig ausfallen muss, ist ein angenehmer Nebeneffekt, den sparsame Hausfrauen seit jeher zu schätzen wissen.

Klare Sache

Eine gute Rindssuppe ist nicht nur pur ein Genuss, sondern auch *die Basis vieler anderer Gerichte.* Dafür brauchen Sie ein Stück Rindfleisch, eine Handvoll Knochen, ein wenig Wurzelgemüse – und vor allem eins: Geduld!

Um eine gute Rindssuppe (siehe Seite 18) zu gewinnen, nehmen Sie am besten Ochsenfleisch von den Rippen oder der Brust oder, das edelste Stück, einen Tafelspitz. Dazu lassen Sie sich vom Fleischhauer, wie der Metzger in Österreich heißt, zusätzlich einige Suppenknochen geben und klein hacken. Früher war es außerdem üblich, je ein Stück Rindsleber und -milz hinzuzufügen – Dinge, die heutzutage nicht mehr häufig nachgefragt werden. Falls Sie sie für eine besonders kräftige Brühe mitkochen möchten, sollten Sie am besten beides vorbestellen.

Dann brauchen Sie ein wenig Gemüse: Ein bis zwei gelbe Rüben, eine Petersilwurzel, ein Stück Knollensellerie und eine dünne Stange Porree, von der Sie den weißen und hellgrünen Teil verwenden. Den dunkelgrünen Teil lassen sie besser weg, weil die Suppe dadurch ein wenig grünlich würde, was längst nicht so appetitlich aussieht. Schön goldbraun nämlich soll sie werden, und dazu trägt eine gebräunte Zwiebel bei. Früher hat man dazu die Zwiebelhälften einfach mit den Schnittflächen auf die Herdplatte gelegt. In Zeiten von Ceranfeldern und Induktionsherden ist das nicht mehr möglich. Rösten Sie sie deshalb in einem Pfännchen an, die Zwiebeln dürfen dabei ruhig dunkelbraun werden, denn dann verleihen sie der Suppe zusätzlich ein feines Röstaroma.

Ob Sie das Fleisch gleich mit aufsetzen, hängt vom gewünschten Ergebnis ab: Kommt es ausschließlich auf die Suppe an, darf es gleich mit ins kalte Wasser. Ein edles Stück geben Sie besser erst später ins kochende Wasser. Dann nämlich laugt es weniger aus und das Fleisch bleibt schön saftig.

Salz oder nicht Salz …

… das ist hier die Frage. Wenn es Ihnen in erster Linie um die Suppe geht, ist ein wenig Salz von Anfang an erlaubt. Fleisch und Knochen werden dadurch stärker ausgekocht und geben ihr ganzes Aroma an die Suppe ab. Einen Tafelspitz allerdings garen Sie besser ohne Salz. Als Würze dienen die geröstete Zwiebel, Pfefferkörner und das Wurzelgemüse. Wer mag, gibt noch ein paar Zweige Liebstöckel hinzu.

Damit die Suppe schön klar wird, lassen Sie sie zu Anfang einmal aufkochen und entfernen den grauen Schaum, der sich an der Oberfläche bildet. Dabei handelt es sich lediglich um ausgeflocktes Eiweiß. Wenn Sie die Suppe anschließend bei schwächster Hitze simmern lassen, ist weiteres Abschäumen unnötig. Falls die Suppe am Ende der Garzeit doch noch Trübstoffe enthalten sollte, können Sie sie zusätzlich durch ein Küchentuch abseihen. Damit entfetten Sie sie allerdings komplett, was schade wäre, weil das Fett ein wertvoller Geschmacksträger ist.

Dass eine selbst gemachte Rindssuppe ungleich besser schmeckt als eine aus dem Brühwürfel, versteht sich von selbst. Sie ist weder kostspielig noch besonders aufwendig, aber sie braucht ihre Zeit. Bei der Zubereitung von Beinfleisch (siehe Seite 61) und Tafelspitz (siehe Seite 97) fällt sie ohnehin an. Bereiten Sie bei der Gelegenheit am besten gleich eine größere Menge zu und frieren Sie den Rest für den Vorrat ein.

Als Einlage für die Rindssuppe kommen das würfelig geschnittene Rindfleisch und, am besten separat blanchierte, Gemüsestückchen infrage. In Österreich beliebter allerdings sind die etwas gehaltvolleren Beigaben wie Nudeln, Frittaten, Grießnockerln oder Schöberln. Damit wird aus einer klaren Suppe eine sättigende Vorspeise oder eine eigenständige kleine Mahlzeit.

Gebundene Suppen

Sie sind ein wenig aus der Mode gekommen, die cremigen Suppen, die nicht das Ergebnis von Pürierstab und Mixer sind. Die Kürbiscremesuppe von Seite 30 wird püriert. Dabei handelt es sich aber auch um ein Gericht, das erst in den letzten Jahren an Beliebtheit gewonnen hat. Ein wenig goldgrünes, aromatisches Kürbiskernöl darauf – hmm, ein Hochgenuss!

Früher bediente man sich anderer Methoden, um Suppen sämig zu machen: Sie können eine klare Brühe zum Beispiel mit einer Mischung aus Eidottern und Obers legieren. So gehen Sie bei der feinen Terlaner Weinsuppe (siehe Seite 24) vor. Wichtig dabei ist, dass Sie die Suppe rechtzeitig vom Herd nehmen und nach dem Einrühren der Eimischung nicht mehr kochen lassen. Andernfalls flockt das Ei aus. Richtig gemacht hat das samtige Süppchen das Zeug zum Auftakt eines feinen Festtagsmenüs.
Eine weitere Möglichkeit, vor allem für deftigere Suppen mit Kartoffeln, Speck und Schwammerln geeignet, ist das Andicken mit einer Einbrenn respektive Mehlschwitze. Dazu stauben Sie ein wenig Mehl auf die im Fett angebratenen Zutaten wie Zwiebeln und/oder Speck und rösten es kurz mit an. Dann gießen Sie nach und nach die heiße Suppe an und rühren sie kräftig unter, damit keine Klümpchen entstehen. Das Mehl quillt dabei auf, verleiht der Suppe eine cremige Bindung und macht sie gehaltvoll und sättigend. Allerdings bindet das Mehl auch ein wenig Aroma, Sie sollten also etwas kräftiger als üblich würzen und zum Schluss noch einmal abschmecken.

Ernährungswissenschaftler raten heutzutage von dieser Zubereitungsart eher ab. Klar, eine mit dem Pürierstab cremig gerührte Gemüsesuppe, die nur mit wenig Sahne oder Crème fraîche verfeinert ist, ist kalorienärmer und leichter verdaulich. Betrachten Sie die traditionell üppigen Suppen in diesem Kapitel also besser als richtige Mahlzeit und bestreuen Sie sie vor dem Servieren mit ein wenig Schnittlauch oder gehacktem Petersil, und schon geht's zu Tisch. Guten Appetit!

Je länger Sie sie bei schwacher Hitze köcheln lassen, umso *aromatischer* wird Ihre Suppe!

Aus dem Suppentopf

Rindssuppe

Bernsteinfarben, aromatisch und klar, mit ein paar schönen Fettaugen drauf – so muss sie sein, eine richtig gute Rindssuppe.

ZUBEREITUNG: 3 ¼ STUNDEN
FÜR 6 PERSONEN

Zutaten

500 g Rindsknochen
1 Zwiebel
600 g Rindfleisch (z. B. Brust oder Beinfleisch)
½ TL schwarze Pfefferkörner | Salz
2 gelbe Rüben
1 Petersilienwurzel
1 dünne Stange Porree
1 Stück Sellerieknolle (etwa 50 g)

Die Knochen kalt abwaschen, in einen Suppentopf geben, mit 2,5 Liter Wasser auffüllen und zum Kochen bringen. Inzwischen die Zwiebel ungeschält quer halbieren, mit den Schnittflächen in eine kleine Pfanne geben und dunkelbraun anrösten. Die dabei entstehenden Röststoffe geben der Suppe Aroma und eine schöne Farbe.

Sobald das Wasser kocht, das Fleisch abwaschen und einlegen. Die Zwiebelhälften, die Pfefferkörner und einen Teelöffel Salz hinzufügen. Wieder aufkochen lassen und den aufsteigenden grauen Schaum abschöpfen. Nun die Hitze so regulieren, dass die Suppe nur ganz schwach köchelt, und etwa 2 Stunden offen kochen lassen. (Ließe man die Suppe bei zu großer Hitze sprudelnd kochen, würde sie trüb!)

Das Gemüse putzen oder schälen und in grobe Stücke schneiden. Zur Suppe geben und diese etwa 1 weitere Stunde köcheln lassen. Je länger sie kocht, umso aromatischer wird sie.

Das Fleisch herausnehmen. Die Suppe durch ein feines Sieb abseihen. Knochen und Gemüse nur abtropfen lassen, nicht ausdrücken. Die Rindssuppe wieder erhitzen und mit Salz abschmecken. Die gewünschte Einlage (siehe Seiten 21–23) in Suppenteller oder -tassen geben und die heiße Rindssuppe daraufschöpfen.

▍TIPPS: *Wenn Sie nicht ein besonders fettes Stück Brustkern ausgekocht haben, brauchen Sie die Suppe nicht zu entfetten.* **Ein paar Fettaugen** *sind durchaus erwünscht! Ist zu viel Fett vorhanden, lassen Sie die Suppe vollständig abkühlen, dann erstarrt das Fett und lässt sich ganz einfach von der Oberfläche abheben.*

Das Gemüse ist zu ausgelaugt, um es als **Suppeneinlage** *zu verwenden. Das sollten Sie wegwerfen. Das Fleisch aber können Sie natürlich, in kleine Würfel geschnitten, als Einlage in die Suppe geben. Ein wenig Schnittlauch darauf, fertig! Oder Sie bereiten daraus den* **Rindfleischsalat** *von Seite 75 zu.*

Kaiserschöberlsuppe

Parmesan verleiht den Schöberln ein feinwürziges Aroma – eine gelungene österreichisch-italienische Kombination.

ZUBEREITUNG: 20 MINUTEN
BACKEN: 12 MINUTEN
FÜR 6 PERSONEN

Zutaten

3 Eier | Salz | 3 EL weiche Butter
2 EL Milch | 4 EL Mehl
2 EL geriebener Käse (Parmesan)
Muskatnuss | 1,2 l Rindssuppe
(siehe Seite 18) | Schnittlauch
(nach Belieben)

Den Backofen auf 200 °C vorheizen. Ein Blech mit Backpapier belegen. Die Eier trennen. Das Eiklar mit einer Prise Salz zu Schnee schlagen.

Die weiche Butter schaumig rühren. Die Eidotter, die Milch und das Mehl unterrühren. Den geriebenen Käse unterziehen und alles mit Salz und einer Prise frisch geriebener Muskatnuss würzen. Den Eischnee unterheben und die Masse gleichmäßig fingerdick auf dem Blech ausstreichen.

Die Eiermasse etwa 12 Minuten backen, bis die Oberfläche goldgelb ist. Etwas abkühlen lassen, auf ein Brett stürzen und das Backpapier abziehen. In etwa drei Zentimeter große Rauten schneiden.

Die Rindssuppe erhitzen. Die Schöberln auf sechs Suppenteller verteilen und, damit sie schön knusprig bleiben, erst unmittelbar vor dem Auftragen die heiße Suppe daraufschöpfen. Nach Belieben mit Schnittlauchröllchen garnieren.

▌ *VARIANTE: Den Käse können Sie weglassen oder für **Schinkenschöberln** durch zwei Esslöffel sehr fein gewürfelten geräucherten Schinken ersetzen.*

Grießnockerlsuppe

Die richtige Teigkonsistenz erfordert ein wenig Erfahrung. Machen Sie deshalb bei den ersten Versuchen unbedingt ein Probenockerl!

ZUBEREITUNG: 25 MINUTEN
RUHEN: 30 MINUTEN
FÜR 4 PERSONEN

Zutaten

50 g weiche Butter | Salz | 1 Ei (Größe M)
70 g Weizengrieß | Muskatnuss
800 ml Rindssuppe (siehe Seite 18)
Schnittlauchröllchen (nach Belieben)

Die Butter mit einer kräftigen Prise Salz schaumig schlagen. Erst das Ei, dann den Grieß sorgfältig unterrühren. Mit einer Prise frisch geriebener Muskatnuss würzen. Die Masse in einer Schüssel zu einem Häufchen zusammendrücken und zugedeckt 30 Minuten im Kühlschrank ruhen lassen.

In einem Topf Wasser aufkochen und salzen. Mit zwei nassen Kaffeelöffeln zuerst ein Probenockerl abstechen, ins Salzwasser gleiten lassen und etwa 10 Minuten bei schwacher Hitze ziehen lassen. Es muss zur doppelten Größe aufquellen und locker sein. Ist es im Kern zu fest, einen Teelöffel kaltes Wasser unter die Masse rühren. Ist es zu weich, noch einen Teelöffel Grieß hinzufügen.

Alle Nockerln ins kochende Salzwasser geben und bei schwacher Hitze garen. Inzwischen die Rindssuppe erhitzen. Die Grießnockerln auf vier Suppentassen verteilen, die heiße Brühe darüberschöpfen und nach Belieben mit Schnittlauch bestreuen.

▌ *TIPPS: Damit die Nockerln gelingen, müssen alle Zutaten **Zimmertemperatur** haben. Butter und Ei sollten Sie also rechtzeitig aus dem Kühlschrank nehmen! Sie können die Grießnockerln auch direkt in der Suppe garen. Diese wird dadurch allerdings ein wenig trüb.*

Frittatensuppe

Frittatensuppe habe ich schon als Kind geliebt und daran hat sich bis heute nichts geändert.

ZUBEREITUNG: 20 MINUTEN
RUHEN: 20 MINUTEN
FÜR 4 PERSONEN

Zutaten

4 EL Mehl | Salz
1 Ei | 150 ml Milch
4 TL neutrales Pflanzenöl oder Butterschmalz
800 ml Rindssuppe (siehe Seite 18)
Schnittlauchröllchen (nach Belieben)

Das Mehl mit einer kräftigen Prise Salz in eine Rührschüssel geben. Das Ei und nach und nach die Milch mit einem Schneebesen unterrühren, sodass ein glatter Teig entsteht. Zugedeckt etwa 20 Minuten bei Zimmertemperatur quellen lassen.

Eine beschichtete Pfanne bei mittlerer Temperatur erhitzen, einen Teelöffel Öl oder Butterschmalz darin erwärmen. Jeweils eine kleine Schöpfkelle Teig hineingeben und die Pfanne schnell schwenken, damit sich der Teig in der ganzen Pfanne verteilt. 1–2 Minuten backen, bis der Pfannkuchen am Rand leicht gebräunt ist. Dann wenden und auf der anderen Seite in 1–2 Minuten fertig garen. Auf einen Teller gleiten lassen und aus dem übrigen Teig weitere Pfannkuchen ausbacken.

Die Rindssuppe erhitzen. Die Pfannkuchen aufrollen und in Streifen schneiden. Die Frittaten auf vier Suppenschalen verteilen und die heiße Suppe daraufschöpfen. Nach Belieben mit Schnittlauchröllchen bestreuen.

▌**SCHON GEWUSST?** *Der Begriff »Frittaten« kommt vom italienischen* frittata, *einer meist mit Gemüse gefüllten, gebackenen Eierspeise.*

▌**VARIANTE:** *Wer mag, gibt ein bis zwei Esslöffel fein gehackte Kräuter wie Petersil, Kerbel oder Schnittlauch in den Pfannkuchenteig.*

Aus dem Suppentopf

Terlaner Weinsuppe

Zimt verleiht der cremigen Suppe eine originelle Note, die ausgezeichnet zum frisch-herben Weinaroma passt.

ZUBEREITUNG: 25 MINUTEN
FÜR 6 PERSONEN

Zutaten

2–3 Scheiben altbackenes Weißbrot
1 EL Butter
800 ml Rindssuppe (siehe Seite 18)
400 ml Terlaner (siehe unten)
400 g Obers | 6 Eidotter
Salz | 1 EL gemahlener Zimt
Muskatnuss, frisch gerieben

Das Brot für Croûtons entrinden, würfeln und in einer Pfanne in der Butter knusprig braun braten.

Inzwischen die Rindssuppe, den Wein und die Hälfte des Obers zusammen in einem Topf aufkochen und mit Salz, der Hälfte des Zimts und einer kräftigen Prise Muskatnuss würzen.

Die Eidotter mit dem übrigen Obers verrühren. Bei ganz schwacher Hitze nach und nach zur Suppe geben und dabei kräftig mit dem Schneebesen unterschlagen, bis die Suppe eine samtigcremige Konsistenz erhält. Wichtig: Die Suppe darf jetzt nicht mehr kochen, weil das Ei sonst gerinnt!

Die Weinsuppe in sechs Suppenschalen schöpfen, die Croûtons aufstreuen und jeweils eine kräftige Prise Zimt darüberstreuen.

▌SCHON GEWUSST? *Terlaner ist ein Südtiroler Weißwein aus dem Etschtal zwischen Bozen und Meran. Sie können ihn durch einen anderen* **trockenen Weißwein** *ersetzen.*

Panadlsuppe

Diese klassische Wiener Brotsuppe ist von jeher ein beliebtes preiswertes und nahrhaftes Alltagsgericht.

ZUBEREITUNG: 25 MINUTEN
FÜR 4 PERSONEN

Zutaten

4 altbackene Semmeln
(ersatzweise 200 g trockenes Weißbrot)
1 l Rindssuppe (siehe Seite 18)
2 EL Butter | Salz | Pfeffer
3 Eidotter | Schnittlauchröllchen (nach Belieben)

Die Semmeln entrinden (oder bei sehr trockenen Semmeln die Rinde abreiben und als Semmelbrösel verwenden), das Innere in Würfel schneiden und in eine Schüssel geben. Die Rindssuppe erhitzen. Eine Schöpfkelle Suppe zu den Semmelwürfeln geben, diese kurz einweichen lassen und beides gut miteinander verquirlen, bis eine homogene Panadlmasse entsteht.

Die Butter in einem Topf aufschäumen, die Panadlmasse hineingeben und 3–4 Minuten unter Rühren anrösten. Die Rindssuppe unter Rühren hinzufügen und aufkochen lassen. Mit Salz und Pfeffer kräftig abschmecken.

Den Topf vom Herd nehmen. Die Eidotter in einer Schale mit einer kleinen Schöpfkelle Suppe verquirlen. Die Mischung unter die Suppe rühren, bis diese cremig bindet. In vier Suppenteller oder -tassen schöpfen und nach Belieben mit Schnittlauch garnieren.

▌VARIANTE: *Sie können die Suppe auch mit Tomatenwürfelchen und fein geschnittenen Frühlingszwiebeln bestreuen.*

Wiener Erdäpfelsuppe

Getrocknete Schwammerl und geräucherter Speck geben der Suppe ihre typische Würze.

ZUBEREITUNG: 45 MINUTEN
FÜR 6 PERSONEN

Zutaten

5 g getrocknete Steinpilze
oder Eierschwammerl
1 Zwiebel | 1 Knoblauchzehe
50 g durchwachsener Speck
(ohne Schwarte)
2 gelbe Rüben | 1 Stück Sellerieknolle
300 g mehlige Erdäpfel
1,2 l Rindssuppe (siehe Seite 18)
2 EL Butterschmalz | 2 EL Mehl
½ TL getrockneter Majoran
½ Bund Petersil
Salz | Pfeffer | 1–2 EL Essig
2 EL Sauerrahm

Die getrockneten Schwammerl in einer Tasse mit warmem Wasser bedecken und 15 Minuten einweichen. Inzwischen die Zwiebel und den Knoblauch schälen und fein hacken. Den Speck klein würfeln. Die gelben Rüben und den Sellerie schälen und in feine Streifen schneiden. Die Erdäpfel schälen und würfeln.

Die Rindssuppe erhitzen. Das Butterschmalz in einem Suppentopf zerlassen. Zwiebel und Knoblauch darin glasig anschwitzen. Speck und Gemüsestreifen dazugeben und 2 Minuten unter Rühren mitbraten. Das Mehl aufstreuen, unterrühren und kurz anschwitzen. Den Majoran dazugeben und die Rindssuppe nach und nach unter Rühren hinzufügen und aufkochen lassen.

Die Erdäpfel hinzufügen. Die Schwammerl ausdrücken, grob schneiden und ebenfalls in den Topf geben. Das Einweichwasser vorsichtig, damit kein Sand in die Suppe gerät, durch ein feines Sieb dazugießen. Etwa 15 Minuten kochen lassen, bis die Erdäpfel weich sind.

Den Petersil waschen und trocken schütteln, die Blätter fein schneiden. Die Suppe vom Herd nehmen und mit Salz, Pfeffer und Essig abschmecken. Den Sauerrahm glatt rühren und mit dem gehackten Petersil unter die Suppe ziehen. Die Suppe in sechs Schalen füllen und mit herzhaftem Bauernbrot servieren.

▍**VARIANTEN:** *Die Wiener Erdäpfelsuppe wird mit einer klassischen Mehlschwitze zubereitet. Wer das nicht so gerne mag, erhöht den Erdäpfelanteil und zerdrückt einen Teil davon mit dem Stampfer in der Suppe. Nehmen Sie bitte keinen Pürierstab, damit würde die Suppe unangenehm kleisterartig.*

__Vegetarier__ lassen den Speck weg und nehmen statt der Rindssuppe eine gute Gemüsebrühe. Zu gelben Rüben und Selleriestreifen dürfen sich gerne noch ein wenig Porree und Staudenselleriegrün gesellen.

Schwammerlsuppe

Hocharomatisch und feinwürzig ist diese Suppe – eine tolle Vorspeise für ein herbstliches Menü!

ZUBEREITUNG: 40 MINUTEN
FÜR 6 PERSONEN

Zutaten

5 g getrocknete Schwammerl
500 g frische Schwammerl (Steinpilze, Eierschwammerl, Champignons)
1 Zwiebel | 1 Knoblauchzehe
1 EL Butterschmalz
½ TL getrockneter Thymian | 1 EL Mehl
1,2 l Rindssuppe (siehe Seite 18)
½ Bund Petersil | 150 g Crème fraîche
Salz | Pfeffer

Die getrockneten Schwammerl in einer Tasse mit warmem Wasser bedecken und 15 Minuten einweichen. Inzwischen die frischen Schwammerl putzen und in Scheiben schneiden. Zwiebel und Knoblauch schälen und fein hacken.

In einem Topf das Butterschmalz erhitzen. Die frischen Schwammerl darin bei starker Hitze 2–3 Minuten unter Rühren anbraten. Zwiebel, Knoblauch und den getrockneten Thymian dazugeben und 1 Minute mitgaren. Das Mehl darüberstauben und kurz anschwitzen. Ein Viertel der Suppe dazugeben und sorgfältig unterrühren, damit keine Klümpchen entstehen. Die übrige Suppe aufgießen und zum Kochen bringen.

Die eingeweichten Schwammerl ausdrücken, fein hacken und zur Suppe geben. Das Einweichwasser durch ein feines Sieb vorsichtig, damit kein Sand in die Suppe gelangt, dazugießen. 10 Minuten bei mittlerer Hitze offen köcheln lassen.

Inzwischen den Petersil waschen und trocken schütteln, die Blätter fein schneiden. Die Crème fraîche in die Suppe rühren und diese mit Salz und Pfeffer abschmecken. In sechs Suppentassen schöpfen und mit Petersil bestreut servieren.

▌ VARIANTEN: *Wenn Sie selber in die Schwammerl gehen, sprich gute Plätze kennen und selber Schwammerl suchen, dann verwenden Sie natürlich Ihren Fund für die Suppe. Je bunter die Mischung, desto aromatischer das Ergebnis! Dann erübrigen sich eventuell auch die getrockneten Schwammerl, die hier der Suppe ein intensives Aroma verleihen.*

*Wer mag, kann mit Zwiebel und Knoblauch noch 50 Gramm **fein gewürfelten Speck** anbraten. Vegetarier dagegen ersetzen die Rindssuppe durch eine gute Gemüsebrühe.*

*Thymian und Petersil sind die klassischen Würzkräuter für Schwammerl. Sie sollten, für eine feinere Variante, auch mal **Estragon** versuchen.*

▌ DEKOTIPP: *Für Gäste legen Sie ein paar besonders **hübsche Schwammerl** beiseite, braten die Scheiben kurz vor dem Servieren in einem Pfännchen in wenig Butterschmalz und garnieren die Suppe damit.*

Aus dem Suppentopf

Kürbiscremesuppe

Goldgrünes, aromatisches Kürbiskernöl verleiht der Suppe das besondere Etwas.

ZUBEREITUNG: 40 MINUTEN
FÜR 4 PERSONEN

Zutaten

1 kleiner Hokkaidokürbis (etwa 800 g)
1 Zwiebel | 1 Knoblauchzehe
2 säuerliche Äpfel (z. B. Boskop)
2 EL neutrales Pflanzenöl
800 ml Gemüsebrühe (Instant)
Salz | Pfeffer | Muskatnuss,
frisch gerieben
1–2 EL Zitronensaft
4 EL Kürbiskernöl

Den Kürbis gründlich waschen und halbieren. Die Kerne und Fasern herauskratzen und wegwerfen. Die Kürbishälften mit der Schale etwa drei Zentimeter groß würfeln. Die Zwiebel und den Knoblauch schälen und fein hacken. Die Äpfel schälen, Kerngehäuse entfernen und das Fruchtfleisch würfeln.

Das Öl in einem Suppentopf erhitzen. Zwiebel und Knoblauch darin unter Rühren glasig anschwitzen. Kürbis und Äpfel hinzufügen und 2 Minuten mitbraten. Mit der Gemüsebrühe ablöschen, aufkochen und bei mittlerer Hitze zugedeckt etwa 20 Minuten kochen lassen, bis der Kürbis weich ist.

Den Topf vom Herd nehmen und die Suppe mit dem Pürierstab fein pürieren. Mit Salz, Pfeffer, frisch geriebener Muskatnuss und Zitronensaft würzig abschmecken. Auf vier Suppenschalen verteilen und jeweils einen Esslöffel Kürbiskernöl darauftröpfeln.

■ **VARIANTE:** *Der Hokkaidokürbis hat eine dünne Schale, die mitgegessen werden kann. Wenn Sie eine andere Kürbisart, beispielsweise* **Muskatkürbis**, *verwenden, rechnen Sie etwa 700 Gramm Fruchtfleisch (ohne Schale, Kerne und Fasern).*

■ **SCHON GEWUSST?** *Für* **Kürbiskernöl** *oder kurz* **Kernöl** *– das grüne Gold aus der Steiermark – werden die Kerne einer speziellen Gartenkürbisart geröstet und anschließend kalt gepresst. Das so gewonnene dunkelgrüne Öl schmeckt wunderbar nussig und verleiht schon in kleinen Mengen Suppen und Salaten sein charakteristisches Aroma. Da es recht schnell ranzig wird, sollten Sie es immer nur in so großen Flaschen kaufen, wie Sie in einem guten halben Jahr aufbrauchen.* **Kleiner Tipp:** *Geben Sie gleich nach dem Öffnen der Flasche ein Stückchen Zucker zum Öl und bewahren Sie es dunkel und kühl (aber nicht im Kühlschrank) auf. So hält es spürbar länger.*

Wiener Wirtshausküche

Ein zünftiges Gröstl, ein saftiges Gulasch, mit einer reschen Semmel dazu, Beinfleisch mit Cremespinat und Röstkartoffeln – für diese *herzhaften Speisen* geht der Wiener immer wieder gerne in sein Stammbeisl. Wer nicht in der glücklichen Lage ist, ein solches Wirtshaus gleich um die Ecke zu haben, muss selber den Kochlöffel schwingen. Mit ein wenig Muße und den Rezepten in diesem Kapitel ist das ganz leicht!

Deftig und bodenständig

Krautfleckerln, Kasnudeln und gefüllte Paprika sind ein wenig aus der Mode gekommen, denn man benötigt kostbare Zeit, um sie zuzubereiten. Ab und an sollten Sie sich aber die *Ruhe zum Kochen* nehmen, es lohnt sich!

Die Gerichte in diesem Kapitel, oder eine Auswahl daraus, finden sich in fast jedem österreichischen Wirtshaus auf der Speisekarte. Und nicht nur dort. Die meisten stehen auch in den Familien regelmäßig auf dem Tisch. Sie sind preiswert, einfach zuzubereiten und eignen sich häufig sogar als Resteessen. Denn viele dieser Mahlzeiten schmecken warm gehalten oder aufgewärmt ebenso gut wie frisch gekocht, wenn nicht sogar besser. Zusammen mit den Suppen aus dem vorhergehenden Kapitel und den Mehlspeisen aus Kapitel vier bieten sie einen treffenden Überblick über die traditionelle Wiener Alltagsküche.

So wie in manchem Wirtshaus heute oftmals zusätzlich ein paar »feinere« Gerichte wie Zwiebelrostbraten (siehe Seite 90) angeboten werden, sind auch in diesem Buch die Grenzen zum Kapitel »Feine Festtagsküche« an manchen Stellen fließend. War früher ein Wiener Schnitzel ein Festtagsschmaus, kommt es heute auch mal werktags auf den Tisch. Umgekehrt hat das Kalbsrahmgulasch mit zarten Butternockerln (siehe Seite 55) durchaus das Zeug zum Sonntagsessen.

Das Wiener Backhendl

Ein junges Huhn, geviertelt, in Ei und Bröseln gewendet und in Schmalz knusprig ausgebacken – das Rezept für diese Wiener Spezialität ist neben anderen in Fett gegarten Gerichten schon in einem Kochbuch von 1719 verzeichnet. Das lässt die Legende, die sich um die Entstehung des Wiener Schnitzels rankt, in neuem Licht erscheinen: Angeblich soll ja der Feldmarschall Radetzky in Italien die *costoletta alla milanese* kennengelernt und das Rezept Mitte des 19. Jahrhunderts nach Wien gebracht haben. Wie es aussieht, war das gar nicht nötig. Vielmehr hatte man dort schon vorher eine Vorliebe für Paniertes und knusprig Ausgebackenes. Wie groß die Zuneigung war, zeigt die scherzhafte umgangssprachliche Bezeichnung »Backhendlfriedhof« für das, was man andernorts einen Bierbauch nennt. Wäre es wirklich aus Italien gekommen, hätte man daraus vermutlich auch kein Hehl gemacht, den Namen eingedeutscht und sich künftig an der fremden Speise erfreut: Bei Gulasch, Palatschinken und Golatschen jedenfalls war das so. Und auch Makkaroni und Risibisi zeugen von diesem Brauch.

Gulyás, Gulasch oder Pörkölt?

Gulyás war ursprünglich ein Gericht, das von ungarischen Hirten (*gulyás*: Rinderhirte) unter freiem Himmel im Kessel gekocht wurde. Zu Anfang des 19. Jahrhunderts gelangte es mit einem ungarischen Infanterieregiment nach

Wien. Hier entwickelten sich daraus im Laufe der Zeit eine Vielzahl verschiedener Rezepturen, von denen ich vom Eierschwammerlgulasch (siehe Seite 49) über Szegediner Gulasch (siehe Seite 57) bis hin zum Fiakergulasch (siehe Seite 58) die heute bekanntesten Varianten aufgenommen habe. Nicht zu vergessen natürlich das Rezept für Saftgulasch (siehe Seite 57), das in kaum einem Wiener Wirtshaus auf der Speisekarte fehlt. Der Grund? Mit der schmackhaften Schmorsauce wird ein weiteres beliebtes Essen serviert: die Saftwürstel. Dafür werden heiße Frankfurter (die, wie man weiß, überall sonst auf der Welt Wiener genannt werden) mit Saftgulaschsauce übergossen. Dazu isst man eine frische Semmel – ein wohlschmeckendes und nahrhaftes Gericht, das sich jeder leisten kann.

Wenn Sie heute in Ungarn ein *gulyás* bestellen, bekommen Sie kurioserweise kein Gulasch, wie wir es kennen, also mit reichlich gerösteten Zwiebeln angebratenes, in Würfel geschnittenes Fleisch, das mit Knoblauch, Paprikapulver, Kümmel und Majoran gewürzt, mit Wasser abgelöscht und weich geschmort ist, sondern eine Gulaschsuppe. Ein Gulasch – die eingedeutschte Schreibweise von *gulyás* – heißt in Ungarn *pörkölt*. Ist doch ganz einfach, oder?

Innereien

In Wien hegt man eine besondere Liebe für Innereien: Beuschel, Nierndln, Herz und Milz – nichts, was man hier nicht zu einem schmackhaften Gericht verkochen könnte, das vorzugsweise als Gabelfrühstück angeboten wird. Da sich die Zuneigung zu Innereien heutzutage aber bei den meisten Menschen in Grenzen hält, habe ich in diesem Buch nur die unumstrittenen Küchenlieblinge »Salonbeuschel« und »Saure Nierndln« (siehe Seite 53) aufgenommen.

Für ein Bruckfleisch – einen weiteren berühmten Wiener Klassiker – müssen Leber, Milz, Bries, Herz und Kronfleisch (Zwerchfell) vom Rind noch schlachtwarm sein und werden mit Wurzelgemüse, Wein und frischem Rinderblut geschmort und dann mit Knoblauch, Lorbeer, Thymian, Majoran und einem Spritzer Essig abgeschmeckt. Wenn Sie solcherlei mögen, sollten Sie es beim nächsten Wienbesuch unbedingt mal in einem Beisl rund um die Schlachtbrucken kosten.

Bier oder Wein?

Zu einem richtigen Wiener Wirtshaus gehört eine Schankanlage. Was passt auch besser zu einem herzhaften Gulasch oder einem knusprigen Backhendl als ein frisch gezapftes Bier? Wer zu seinem Gröstl oder seinen Eiernockerln aber lieber ein Achterl Wein trinkt, darf das gerne tun. Große Auswahl darf er sich im Beisl allerdings nicht erwarten: Es gibt je einen »Roten« und einen »Weißen«, damit hat sich's. Den entsprechenden Hausmarken kann man im Allgemeinen aber vertrauen.

Ein *frisch gezapftes* Bier – der ideale Begleiter zu den meisten Gerichten der typischen Wiener Wirtshausküche.

Krautfleckerln

Einfach und preiswert – und für viele Wiener eine Leibspeise, die jede Woche auf dem Tisch stehen könnte.

ZUBEREITUNG: 30 MINUTEN
RUHEN: 30 MINUTEN
FÜR 4 PERSONEN

Zutaten

Für den Teig

250 g Mehl | Salz
2 EL neutrales Pflanzenöl | 2 Eier
Mehl für die Arbeitsfläche

Außerdem

½ Kopf Weißkraut (etwa 500 g)
1 Zwiebel | 50 g Schweineschmalz
1 TL Zucker | 2 EL Weißweinessig
Salz | Pfeffer | 1 TL Kümmel
Paprikapulver zum Bestreuen

Das Mehl auf die Arbeitsfläche sieben und in die Mitte eine Mulde drücken. Eine Prise Salz, das Öl und die Eier hineingeben und alles unter Zugabe von zwei bis drei Esslöffeln Wasser zu einem geschmeidigen Teig verkneten. Diesen in Klarsichtfolie wickeln und 30 Minuten ruhen lassen.

Den Teig auf der bemehlten Arbeitsfläche messerrückendick ausrollen und 10 Minuten trocknen lassen. Inzwischen das Weißkraut putzen und in Streifen schneiden. Die Zwiebel schälen und fein hacken.

Den Teig erst in handbreite Streifen schneiden, diese übereinanderlegen, quer in ein bis zwei Zentimeter breite Streifen und schließlich in kleine quadratische Fleckerln schneiden. In einem Topf reichlich Wasser aufkochen, salzen und die Fleckerln darin in etwa 8 Minuten bissfest kochen.

Schmalz und Zucker in einer großen Pfanne schmelzen, bis die Mischung hellbraun zu werden beginnt. Die Zwiebel darin 1 Minute unter Rühren anrösten, dann mit dem Essig ablöschen. Das Kraut dazugeben, mit Salz, Pfeffer und Kümmel würzen und unter gelegentlichem Rühren zugedeckt bei mittlerer Hitze dünsten, bis es hellbraun und gerade weich ist, aber noch ein wenig Biss hat.

Die Fleckerln in ein Sieb abgießen, kurz abtropfen lassen, dann unter das Kraut mischen und einige Minuten bei schwacher Hitze mitgaren. Die Krautfleckerln auf vier Teller verteilen und mit etwas Paprikapulver bestreut servieren.

▌ VARIANTE: *Für **Überbackene Schinkenfleckerln** den Backofen auf 180 °C vorheizen. Eine Auflaufform mit Butter ausstreichen und mit Semmelbröseln ausstreuen. Die Fleckerln 5–6 Minuten in Salzwasser kochen, in ein Sieb abgießen, kalt abschrecken und abtropfen lassen. 200 Gramm Schinken klein schneiden. Zwei Eier trennen, die Eiklar zu Schnee schlagen. 80 Gramm weiche Butter schaumig rühren und die Eidotter untermischen. Mit Salz, Pfeffer und Muskatnuss würzen. Den Schinken, 250 Gramm Sauerrahm und die abgetropften Fleckerln unterziehen, den Eischnee unterheben und die Masse in die Form füllen. Etwa 45 Minuten backen, bis die Oberfläche schön gebräunt ist. Als Beilage passt grüner Salat (siehe Seite 44).*

Kärntner Kasnudeln

Was den Italienern die Tortelli und den Südtirolern die Schlutzkrapfen sind den Kärntnern ihre Kasnudeln – ein Stück Heimat.

ZUBEREITUNG: 1 STUNDE
RUHEN: 30 MINUTEN
FÜR 4 PERSONEN

Zutaten

Für den Teig

250 g Mehl | Salz | 2 Eier
2 EL neutrales Pflanzenöl
Mehl für die Arbeitsfläche

Für die Füllung

1 mehliger Erdapfel (etwa 120 g)
250 g Topfen | 1 EL Butter
2 EL gehackte Kräuter
(Petersil, Minze, Kerbel)
2 EL Sauerrahm | 1 Ei
Salz | Pfeffer

Außerdem

½ Bund Schnittlauch
50 g Butter

Für den Teig das Mehl auf die Arbeitsfläche sieben und eine Mulde eindrücken. Einen gestrichenen Teelöffel Salz, die Eier, das Öl und zwei bis drei Esslöffel Wasser hineingeben und alles zu einem weichen Teig verkneten. Den Teig zur Kugel formen. Eine Schüssel heiß ausspülen, abtrocknen und für 30 Minuten darüberstülpen.

Inzwischen für die Füllung den Erdapfel schälen, würfeln und in Salzwasser in 10–12 Minuten weich kochen. Abgießen, ausdampfen lassen und durch die Erdäpfelpresse drücken. Den Topfen gut ausdrücken. Die Butter in einem Pfännchen schmelzen, die Kräuter hinzufügen und kurz durchschwenken. Erdapfel, Topfen und Sauerrahm verrühren. Ei und flüssige Kräuterbutter untermischen und mit Salz und Pfeffer kräftig abschmecken.

Den Teig auf der bemehlten Arbeitsfläche gut messerrückendick ausrollen und etwa zwölf Zentimeter große Kreise ausstechen. Auf jeden Kreis einen knappen Esslöffel Füllung geben. Die Teigstücke so falten, dass Halbmonde entstehen. Die Ränder fest und schön wellig zusammendrücken.

In einem großen Topf Wasser aufkochen, salzen und die Kasnudeln bei schwacher Hitze darin in 10–12 Minuten gar ziehen lassen.

Den Schnittlauch waschen, trocken schütteln und in feine Röllchen schneiden. Die Butter in einer Pfanne braun aufschäumen, eine Prise Salz hinzufügen. Die Kasnudeln mit dem Schaumlöffel herausheben, kurz abtropfen lassen und auf vier tiefe Teller verteilen. Mit der braunen Butter beträufeln und mit Schnittlauch bestreuen.

▎ **VARIANTE:** *Statt des gekochten Erdapfels können Sie auch eine entrindete altbackene Semmel klein würfeln und mit dem Sauerrahm vermischt ein wenig durchziehen lassen. Bei den Kräutern dürfen im Frühling auch mal Bärlauch oder Sauerampfer mit von der Partie sein.*

Wiener Wirtshausküche

Tiroler Gröstl

Aus den Resten vom Festtagsbraten wird hier ein zünftiges Gröstl.

ZUBEREITUNG: 45 MINUTEN
FÜR 3-4 PERSONEN

Zutaten

600 g speckige Erdäpfel
1 Zwiebel
400 g gekochtes oder gebratenes Schweine- oder Rindfleisch
2 EL Schweineschmalz
Salz | Pfeffer | 1 TL Kümmel (nach Belieben)

Die Erdäpfel waschen, in einem Topf mit wenig Wasser bedecken und in etwa 25 Minuten weich kochen, abgießen und abkühlen lassen.

Inzwischen die Zwiebel schälen und grob hacken. Das Fleisch in mundgerechte, dünne Scheiben schneiden. Die Erdäpfel schälen und in Scheiben schneiden.

Das Schmalz in einer großen Pfanne zerlassen. Die Erdäpfelscheiben darin 2–3 Minuten anrösten. Dann die Zwiebel dazugeben und beides unter regelmäßigem Wenden bei mittlerer Hitze 4–5 Minuten braten. Mit Salz, Pfeffer und, falls verwendet, Kümmel würzen. Das Fleisch dazugeben und 3–4 Minuten mitbraten. Auf Teller verteilen und mit einem grünen Salat (siehe Seite 44) als Beilage servieren.

▌TIPP: *Neben dem Braten vom Vortag ist auch noch ein wenig Bratensauce da? Dann mischen Sie zum Schluss zwei bis drei Esslöffel davon unter, so wird das Gröstl noch saftiger!*

Herrengröstl

Kein Bratenrest da, aber Lust auf ein Gröstl? Es geht auch mit rohem Fleisch.

ZUBEREITUNG: 25 MINUTEN
FÜR 3-4 PERSONEN

Zutaten

600 g gekochte Erdäpfel vom Vortag
1 Zwiebel
400 g Kalb- oder Schweinefleisch (Schnitzel oder ausgelöstes Kotelettfleisch)
2 EL Schweineschmalz
Salz | Pfeffer
1 TL getrockneter Majoran
Majoranblättchen oder Schnittlauchröllchen (nach Belieben)

Die Erdäpfel schälen und in Scheiben schneiden. Die Zwiebel schälen, längs halbieren und fein schneiden. Das Fleisch in mundgerechte, dünne Scheiben schneiden.

Das Schmalz in einer großen Pfanne zerlassen und das Fleisch darin anbraten. Die Zwiebel dazugeben und unter Rühren mitrösten. Mit Salz, Pfeffer und Majoran würzen. Die Erdäpfel hinzufügen und alles 6–8 Minuten bei mittlerer Hitze unter regelmäßigem Wenden braten, bis die Erdäpfel schön braun und knusprig sind. Auf Teller verteilen und nach Belieben mit frischen Majoranblättchen oder Schnittlauch bestreuen.

▌TIPP: *Für dieses wie für alle anderen Gröstl mit Erdäpfeln gilt: Es geht zwar auch mit frisch gekochten (siehe Tiroler Gröstl), wenn es sich aber einrichten lässt, dann verwenden Sie bereits am Vortag gekochte Erdäpfel – die lassen sich besser braten.*

Blunzengröstl

Nicht jedermanns Sache, aber bei vielen Wienern überaus beliebt: Würzige Blutwurst gibt diesem Gröstl Farbe und Substanz.

ZUBEREITUNG: 25 MINUTEN
FÜR 3-4 PERSONEN

Zutaten

600 g gekochte Erdäpfel vom Vortag
2 Zwiebeln | 400 g Blunzen
½ Bund Petersil
3 EL Butterschmalz
Salz | Pfeffer

Die Erdäpfel schälen und in Scheiben schneiden. Die Zwiebeln schälen und grob hacken. Die Blunzen enthäuten und in Scheiben schneiden. Den Petersil waschen und trocken schütteln, die Blätter fein schneiden.

Zwei Esslöffel Butterschmalz in einer großen Pfanne zerlassen. Die Erdäpfelscheiben darin 2–3 Minuten anrösten. Dann die Zwiebeln dazugeben und beides bei mittlerer Hitze unter regelmäßigem Wenden in 6–8 Minuten goldbraun braten. Mit Salz und Pfeffer würzen.

Das übrige Schmalz in einer zweiten Pfanne erhitzen und die Blunzenscheiben darin von beiden Seiten knusprig braten. Unter die Erdäpfel mischen, auf Teller verteilen und mit dem Petersil bestreut servieren.

▌ TIPP: *Sie können das Gröstl nach Geschmack mit etwas getrocknetem Majoran oder Kümmel würzen.*

Geröstete Knödel

Vom Sonntagsessen sind Knödel übrig? Prima, daraus zaubern Sie im Nu dieses preiswerte Resteessen, das das Zeug zur Leibspeise hat.

ZUBEREITUNG: 20 MINUTEN
FÜR 2-3 PERSONEN

Zutaten

4 Semmelknödel (siehe Seite 49, gerne vom Vortag)
1 Zwiebel | 2 EL Butterschmalz
4 Eier | Salz | Muskatnuss, frisch gerieben
½ Bund Schnittlauch

Die Knödel halbieren und in knapp einen halben Zentimeter dicke Scheiben teilen. Die Zwiebel schälen, längs halbieren und in feine Halbringe schneiden.

Das Butterschmalz in einer Pfanne zerlassen. Die Zwiebel darin 2 Minuten anschwitzen. Dann die Knödelscheiben dazugeben und alles unter gelegentlichem Wenden bei mittlerer Hitze goldgelb rösten.

Die Eier mit etwas Salz und einer Prise Muskatnuss verquirlen und darübergießen. Unter gelegentlichem Wenden stocken, aber nicht trocken werden lassen.

Den Schnittlauch waschen, trocken schütteln und in feine Röllchen schneiden. Die gerösteten Knödel auf Teller verteilen und mit Schnittlauch bestreuen. Dazu schmeckt grüner Salat (siehe nächste Seite).

▌ VARIANTE: *Statt Semmelknödel können Sie auch böhmische Knödel oder Serviettenknödel vom Vortag verwenden.*

Eiernockerln mit grünem Salat

Als Hauptgericht reichen die Nockerln für drei bis vier, als Beilage zu Gulasch oder Braten mit Sauce für vier bis sechs Personen.

ZUBEREITUNG: 30 MINUTEN
FÜR 3–4 PERSONEN

Zutaten

Für die Nockerln

300 g Mehl | 8 Eier
1 EL neutrales Pflanzenöl | Salz
1 EL Butter | Muskatnuss, frisch gerieben

Für den Salat

1 Kopf Salat (Häuptlsalat, Novita, Lollo rosso oder Lollo bianco)
Salz | Zucker | 2 EL Weißweinessig
4 EL neutrales Pflanzenöl

Das Mehl mit fünf Eiern, dem Öl, einem Teelöffel Salz und zwei bis drei Esslöffeln Wasser verquirlen und 5 Minuten kräftig mit einem Holzlöffel schlagen, bis der Teig glänzt und Blasen wirft. 10 Minuten zugedeckt ruhen lassen.

Inzwischen den Salat putzen, waschen, abtropfen lassen und in mundgerechte Stücke zupfen. Je ein Drittel Teelöffel Salz und Zucker in einer Schüssel mit dem Essig verrühren. Das Öl unterschlagen, bis eine cremige Salatsauce entsteht. Den abgetropften Salat daraufgeben und kurz vor dem Servieren gut durchmischen.

In einem Topf Wasser aufkochen und salzen. Eine Schüssel mit kaltem Wasser bereitstellen. Den Teig portionsweise durch ein Nockerlsieb ins Wasser schaben. Sobald die Nockerln an der Oberfläche schwimmen, mit einem Schaumlöffel herausheben und ins kalte Wasser geben.

Die Nockerln in ein Sieb abgießen und abtropfen lassen. Die übrigen Eier mit je einer Prise Salz und Muskatnuss verquirlen. Die Butter in einer großen Pfanne zerlassen. Die Nockerln darin erwärmen, aber nicht bräunen. Die Eier darübergießen und unter Rühren stocken, aber nicht trocken werden lassen. Auf Teller verteilen und mit dem grünen Salat servieren.

▎**TIPP:** *Ersetzen Sie die Hälfte des neutralen Öls in der Salatsauce durch* **Kürbiskernöl** *– schmeckt sehr fein!*

Gefüllte Paprika mit Paradeissauce

Traditionell nimmt man grüne Paprika, mit gelben und roten Schoten kommt, wie ich finde, mehr Farbe und Aroma auf die Teller.

ZUBEREITUNG: 1 ½ STUNDEN
FÜR 4 PERSONEN

Zutaten

Für die gefüllten Paprika

60 g Langkornreis | 8 Paprikaschoten
1 Zwiebel | ½ Bund Petersil | 1 EL Butter
600 g Faschiertes | 1 Ei
½ TL getrockneter Majoran
Salz | Pfeffer
1 EL neutrales Pflanzenöl

Für die Pardeissauce

1 Zwiebel | 2 EL Butter | 1 EL Mehl
1 Dose stückige Tomaten (850 g)
Salz | 1 TL Zucker | 1–2 EL Weißweinessig

Den Reis waschen und mit der doppelten Menge Wasser und einer kräftigen Prise Salz in einem Topf aufkochen und bei schwacher Hitze in etwa 20 Minuten ausquellen lassen, gelegentlich umrühren.

Inzwischen von den Paprikaschoten vorsichtig von oben den Stiel, die Samen und die weißen Scheidewände entfernen. Die Schoten auswaschen und umgekehrt auf Küchenpapier abtropfen lassen.

Die Zwiebel schälen und fein hacken. Den Petersil waschen und trocken schütteln, die Blätter fein schneiden. Die Zwiebel in der Butter glasig anbraten und den Petersil untermischen. Den Reis durch ein Sieb abgießen und abtropfen lassen. Das Faschierte mit der Zwiebelmischung, dem Reis und dem Ei vermengen, mit Majoran, Salz und Pfeffer kräftig würzen.

Den Backofen auf 180 °C vorheizen. Ein Reindl mit dem Öl und ein paar Esslöffeln Wasser ausschwenken. Die Paprika mit der Masse füllen und dicht an dicht hineinsetzen. Zugedeckt im Ofen 30 Minuten backen.

Inzwischen für die Sauce die Zwiebel schälen und fein hacken. Die Butter in einem Topf zerlassen und die Zwiebel darin goldgelb anschwitzen. Das Mehl darüberstauben, die Tomaten unterrühren und 5 Minuten kochen lassen, regelmäßig umrühren. Mit Salz, Zucker und Essig abschmecken. Die Sauce nach Belieben pürieren, über die Paprika gießen und diese weitere 30 Minuten offen im Ofen garen. Als Beilage schmecken Rösterdäpfel (siehe Seite 97) oder Reis.

▌TIPPS: *Das Faschierte kann ganz nach Geschmack nur aus Schweinefleisch oder gemischt aus Schweine- und Rindfleisch bestehen.*

Wenn Sie im Sommer wirklich reife aromatische Paradeiser bekommen, dann überbrühen, häuten und entkernen Sie ein Kilogramm davon, schneiden das Fruchtfleisch klein und kochen die Paradeissauce daraus.

Wiener Wirtshausküche

Eierschwammerlgulasch mit Semmelknödeln

Mit dieser Gulaschvariante machen Sie Schwammerlfans glücklich!

ZUBEREITUNG: 1 STUNDE
FÜR 4 PERSONEN

Zutaten

Für die Knödel

8–10 altbackene Semmeln (400 g)
250 ml Milch | 1 kleine Zwiebel
½ Bund Petersil | 1 EL Butter | 3 Eier
Salz | Muskatnuss, frisch gerieben

Für das Gulasch

600 g Eierschwammerl | 1 Zwiebel
2 Knoblauchzehen | 2 reife Tomaten
3 EL Butterschmalz | Salz | Pfeffer
1 EL edelsüßes Paprikapulver | 1 EL Mehl
125 ml trockener Weißwein
250 ml Gemüsebrühe
2–3 TL Zitronensaft
4 EL Schmant

Für die Knödel die Semmeln in feine Scheiben schneiden und in eine Schüssel geben. Die Milch erhitzen und darübergießen, 10 Minuten einweichen lassen. Die Zwiebel schälen und sehr fein hacken. Den Petersil waschen und trocken schütteln, die Blätter fein schneiden. Die Butter in einem Pfännchen schmelzen, die Zwiebel darin kurz anschwitzen, den Petersil untermischen. Mit den Eiern zu den Semmeln geben, alles gut verkneten und mit Salz und Muskatnuss würzen. Den Knödelteig zugedeckt beiseitestellen und 20 Minuten ruhen lassen.

Inzwischen die Eierschwammerl für das Gulasch putzen und trocken abreiben (siehe Tipp), große Exemplare halbieren oder vierteln, kleine ganz lassen. Die Zwiebel und den Knoblauch schälen und fein hacken. Die Tomaten überbrühen, häuten, Stielansatz und Samen entfernen und das Fruchtfleisch klein würfeln.

In einem großen Topf Wasser aufkochen und salzen. Mit angefeuchteten Händen acht Knödel formen, einlegen und bei schwacher Hitze in etwa 20 Minuten gar ziehen lassen.

Inzwischen in einer Pfanne einen Esslöffel Butterschmalz erhitzen und die Eierschwammerl darin einige Minuten anrösten, salzen und pfeffern. Gleichzeitig in einem Schmortopf das übrige Butterschmalz zerlassen. Zwiebel und Knoblauch darin anschwitzen. Paprikapulver und Mehl darüberstauben und kurz mitrösten. Mit dem Wein ablöschen und glatt rühren. Mit der Brühe auffüllen und aufkochen lassen. Schwammerl und Tomatenwürfel unterrühren und 10 Minuten bei mittlerer Hitze köcheln lassen.

Das Gulasch mit Salz, Pfeffer und Zitronensaft abschmecken und in vier tiefe Teller füllen. Jeweils mit einem Löffel Schmant garnieren und einen Knödel (oder zwei) dazulegen.

▌ SCHWAMMERL SÄUBERN: *Wenn es sich vermeiden lässt, sollten Sie **Schwammerl nicht waschen**, weil sie sich schnell mit Wasser vollsaugen (sagt ja auch der Name!). Am besten putzen Sie sie nur und reiben sie mit einem weichen Tuch oder einem Pinsel ab. Sitzt zu viel Erde in den Lamellen, so geben Sie ein wenig Mehl in kaltes Wasser, waschen die Schwammerl schnell darin durch und legen sie anschließend nebeneinander zum Abtropfen auf Küchenpapier. Das Mehl löst den Schmutz und verhindert, dass zu viel Wasser eindringt.*

Wiener Wirtshausküche

Erdäpfelgulasch

Preiswert, einfach – und einfach himmlisch: An diesem Gulasch finden garantiert nicht nur Vegetarier Geschmack.

ZUBEREITUNG: 35 MINUTEN
FÜR 4 PERSONEN

Zutaten

800 g speckige Erdäpfel
2 Zwiebeln | 2 Knoblauchzehen
2 EL Butterschmalz
1 EL edelsüßes Paprikapulver
3 EL Tomatenmark | 500 ml Gemüsebrühe
1 Lorbeerblatt | 1 EL Weißweinessig
Salz | Pfeffer
½ TL getrockneter Majoran
2 EL Sauerrahm

Die Erdäpfel schälen und in drei Zentimeter große Würfel schneiden. Die Zwiebeln und den Knoblauch schälen und fein hacken.

Das Butterschmalz in einem Schmortopf zerlassen. Zwiebeln und Knoblauch darin einige Minuten bei mittlerer Hitze anschwitzen. Paprikapulver und Tomatenmark dazugeben und kurz mitbraten. Mit der Gemüsebrühe ablöschen und aufkochen lassen.

Die Erdäpfel und das Lorbeerblatt dazugeben, mit Essig, Salz, Pfeffer und Majoran würzen und zugedeckt bei schwacher Hitze 12–15 Minuten garen, bis die Erdäpfel weich sind. Den Sauerrahm glatt rühren und unterziehen und das Gulasch auf tiefe Teller verteilen.

■ TIPPS: *Die Erdäpfel sollen im Topf gerade bedeckt sein, bei Bedarf also etwas mehr Brühe (oder Wasser) hinzufügen. Gut dazu passt ein frischer Salat, beispielsweise ein grüner Salat (siehe Seite 44).*

Pichelsteiner

Hände weg und nicht umrühren! Mein Lieblingseintopf macht sich im geschlossenen Topf fast von selber.

ZUBEREITUNG: 50 MINUTEN
FÜR 4–6 PERSONEN

Zutaten

4 große gelbe Rüben | 2 Stangen Porree
800 g mehlige Erdäpfel
je 200 g Schweine-, Kalbs-
und Rindsgulasch
1 EL neutrales Pflanzenöl
Salz | Pfeffer | Muskatnuss,
frisch gerieben
1 TL gemahlener Kümmel (nach Belieben)
250 ml Rindssuppe (siehe Seite 18; oder Gemüsebrühe) | 1 Bund Petersil

Die gelben Rüben schälen und in Scheiben schneiden. Den Porree putzen, gründlich waschen und in dicke Ringe schneiden. Die Erdäpfel schälen und in Scheiben schneiden. Das Fleisch trocken tupfen, die Würfel eventuell kleiner schneiden und mischen.

Einen schweren gusseisernen Topf mit dem Öl ausreiben. Kartoffeln, Gemüse und Fleisch lagenweise in den Topf schichten, dabei jede Lage mit Salz, Pfeffer, Muskatnuss und, falls verwendet, Kümmel würzen. Zum Schluss die Rindssuppe darübergießen, den Deckel auflegen und den Eintopf auf den Herd setzen. Bei mittlerer Hitze etwa 30 Minuten garen, dabei den Topf nicht öffnen, damit kein Dampf entweichen kann.

Den Petersil waschen und trocken schütteln, die Blätter fein schneiden. Den Eintopf in tiefe Teller füllen und mit Petersil bestreut servieren. Dazu schmeckt deftiges Bauernbrot.

Salonbeuschel

Diese Wiener Spezialität sollten Sie probieren!

ZUBEREITUNG: 2 ½ STUNDEN
FÜR 4–6 PERSONEN

Zutaten

1 Kalbslunge (800–900 g) | ½ Kalbsherz
2 Zwiebeln | 2 Knoblauchzehen | 1 gelbe
Rübe | 1 Petersilienwurzel | 1 Stück Sellerieknolle | 1 Lorbeerblatt | ½ TL schwarze
Pfefferkörner | 2–3 Zweige frischer
Thymian | Salz | Pfeffer | 3 EL Zitronensaft
1 Essiggurke | 1 TL Kapern | 3 Sardellenfilets (in Öl) | 3 EL Butter | 2 EL Mehl
1 EL Weißweinessig | 1 TL abgeriebene
Zitronenschale | 1 TL Senf | 2 EL gehackter
Petersil | 2 EL Sauerrahm | Zucker

Lunge und Herz säubern und waschen. Je eine Zwiebel und Knoblauchzehe schälen, das Gemüse putzen und grob würfeln. In einem großen Suppentopf gut zwei Liter Wasser aufkochen. Lunge, Herz und die vorbereiteten Zutaten mit Lorbeer, Pfefferkörnern und Thymian in gut zwei Litern Wasser 1 ½ Stunden zugedeckt kochen (Lunge nach der Hälfte der Zeit wenden); herausnehmen, in Eiswasser abkühlen lassen, in feine Streifen schneiden und mit Salz, Pfeffer und Zitronensaft würzen. Den Sud abseihen, einen halben Liter abmessen.

Übrige Zwiebel und Knoblauch schälen, mit Essiggurke, Kapern und Sardellenfilets fein hacken. In einem Topf in der zerlassenen Butter anschwitzen, Mehl aufstreuen und braun anbraten. Essig und Sud unterrühren, aufkochen und 20 Minuten zugedeckt kochen lassen. Zitronenschale, Senf, Petersil und Sauerrahm unterrühren und die Innereien dazugeben. 15 Minuten bei schwacher Hitze köcheln lassen, mit Salz, Pfeffer und Zucker abschmecken. Dazu passen Semmelknödel (siehe Seite 49).

Saure Nierndln

Braten Sie die Nierndln nur ganz kurz, dann bleiben sie saftig und zart!

ZUBEREITUNG: 25 MINUTEN
WÄSSERN: 1 STUNDE
FÜR 4 PERSONEN

Zutaten

600 g Kalbsnierndln | 2–3 Zwiebeln
6 EL neutrales Pflanzenöl | 1 EL Mehl
250 ml Kalbsfond oder Rindssuppe
(siehe Seite 18)
½ TL getrockneter Majoran
1 Lorbeerblatt | 4 EL Sauerrahm | Salz
Pfeffer | 2–3 EL Weißweinessig

Die Nierndln 1 Stunde in kaltes Wasser legen, gut abtrocknen und in mundgerechte Scheiben schneiden. Die Zwiebeln schälen und fein hacken.

Die Hälfte des Öls in einer Pfanne erhitzen, die Zwiebeln darin goldgelb anschwitzen. Das Mehl aufstreuen und kurz anbraten, mit dem Fond oder der Suppe aufgießen und glatt rühren. Majoran und Lorbeer zugeben und 4–5 Minuten einkochen lassen.

Inzwischen in einer zweiten Pfanne das übrige Öl erhitzen und die Nierndln darin unter Rühren anbraten.

Den Sauerrahm unter die Sauce rühren. Die Nierndln hinzufügen und mit Salz, Pfeffer und Essig pikant abschmecken. Dazu passt Reis.

▎VARIANTEN: *Sie können auch **Schweinenierndln** nehmen oder **Kalbs- oder Schweineleber** auf diese Weise »sauer« zubereiten. Leber muss nicht vorher gewässert werden, aber auch für sie gilt: Nur kurz anbraten, sonst wird sie trocken und hart!*

Kalbsrahmgulasch mit Butternockerln

Die feinste Gulaschvariante, hier mit selbst gemachten Butternockerln, eignet sich auch bestens als Sonntagsessen.

ZUBEREITUNG: 1 ¼ STUNDEN
FÜR 4 PERSONEN

Zutaten

Für das Kalbsgulasch

800 g Kalbsgulasch | 2 Zwiebeln
3 EL Butterschmalz oder neutrales Pflanzenöl
2 EL edelsüßes Paprikapulver
1 EL Tomatenmark | Salz
250 ml Kalbsfond (ersatzweise Wasser)
250 g Sauerrahm | 1 EL Mehl

Für die Butternockerln

300 g Mehl | 5 Eier
1 EL neutrales Pflanzenöl | Salz
1 EL Butter | Muskatnuss, frisch gerieben

Das Fleisch trocken tupfen und eventuell kleiner schneiden. Die Zwiebeln schälen und fein hacken. Das Schmalz oder Öl in einem Schmortopf zerlassen und die Zwiebeln darin unter Rühren goldgelb anschwitzen. Das Paprikapulver und das Tomatenmark dazugeben und kurz mitrösten. 125 Milliliter Wasser angießen und einkochen lassen, bis das Wasser fast verdampft ist.

Das Fleisch in den Schmortopf geben, salzen und 5 Minuten unter Rühren anbraten. Den Kalbsfond angießen, aufkochen und das Ganze 45 Minuten bei schwacher Hitze zugedeckt schmoren lassen. Bei Bedarf noch ein wenig Wasser dazugeben.

Inzwischen für die Butternockerln das Mehl mit den Eiern, dem Öl und einem Teelöffel Salz verquirlen und 5 Minuten kräftig mit einem Holzlöffel schlagen, bis der Teig glänzt und Blasen wirft. 10 Minuten zugedeckt ruhen lassen.

Den Großteil des Sauerrahms (vier Teelöffel für die Garnitur zurückbehalten) mit dem Mehl glattrühren, unter das Gulasch ziehen und dieses weitere 15 Minuten köcheln lassen. Regelmäßig umrühren.

In einem Topf Wasser aufkochen und salzen. Eine Schüssel mit kaltem Wasser bereitstellen. Den Teig portionsweise durch ein Nockerlsieb ins Wasser schaben. Sobald die Nockerln an der Oberfläche schwimmen, mit einem Schaumlöffel herausheben und ins kalte Wasser geben.

Die Butter in einer großen Pfanne zerlassen. Die Nockerln durch ein Sieb abgießen und abtropfen lassen. In der heißen Butter erwärmen, aber nicht braun werden lassen, und mit etwas frisch geriebener Muskatnuss würzen. Zusammen mit dem Kalbsgulasch auf vier Tellern servieren und jede Portion mit einem Teelöffel Sauerrahm bekrönen.

Saftgulasch

Saftiges Rindfleisch in unvergleichlich aromatischer Schmorsauce – ein Gedicht!

ZUBEREITUNG: 2 STUNDEN
FÜR 6 PERSONEN

Zutaten

5 große Zwiebeln (1 kg)
150 g Schweineschmalz
1 EL rosenscharfes Paprikapulver
2 Knoblauchzehen | ½ TL Kümmel
1 kg Rindsgulasch
(am besten aus der Wade)
Salz | 2 EL Tomatenmark
1 TL getrockneter Majoran

Die Zwiebeln schälen und in feine Streifen schneiden. Das Schmalz in einem Schmortopf zerlassen und die Zwiebeln darin unter Rühren goldgelb anschwitzen. Das Paprikapulver aufstreuen, mit 125 Milliliter Wasser ablöschen und vollständig einkochen lassen.

Den Knoblauch schälen und mit dem Kümmel fein hacken. Das gewürfelte Fleisch in den Schmortopf geben, salzen und 5 Minuten unter Rühren anbraten. Tomatenmark, Knoblauch, Kümmel und Majoran unterrühren und kurz mitgaren. Einen halben Liter Wasser angießen, aufkochen und das Ganze 1–1 ½ Stunden bei schwacher Hitze zugedeckt schmoren lassen, bis das Fleisch gerade weich ist, aber noch nicht zerfällt.

So viel Wasser angießen, dass das Fleisch gerade bedeckt ist. Wieder aufkochen und weitere 10 Minuten offen bei schwacher Hitze köcheln lassen. Dadurch steigt ein Teil des durch Tomatenmark und Paprika rot gewordenen Schmorfetts nach oben und verleiht dem Saftgulasch sein typisches Aussehen. Dazu schmecken Semmelknödel (siehe Seite 49) oder Serviettenknödel (siehe Seite 98).

Szegediner Gulasch

Egal, ob der ungarische Schriftsteller József Székely oder die Stadt Szeged für den Namen Pate stand – schmecken tut das *Székely gulyás* allemal.

ZUBEREITUNG: 1 ½ STUNDEN
FÜR 4 PERSONEN

Zutaten

800 g Schweineschulter (ohne Schwarte)
4 Zwiebeln | 3 EL Schweineschmalz
1 ½ EL rosenscharfes Paprikapulver
Salz | Pfeffer | 2 Knoblauchzehen
1 TL Kümmel | 1 EL Tomatenmark
750 ml Rindssuppe (siehe Seite 18;
ersatzweise Instant) | 500 g Sauerkraut
200 g Sauerrahm | 1 EL Mehl

Das Fleisch in mundgerechte Würfel schneiden. Die Zwiebeln schälen und in feine Scheiben schneiden. Das Schmalz in einem Schmortopf erhitzen und die Zwiebeln darin bei mittlerer Hitze unter Rühren goldgelb anschwitzen. Das Paprikapulver unterrühren, vier Esslöffel Wasser dazugeben und einkochen lassen.

Das Fleisch salzen und pfeffern, hinzufügen und 5 Minuten unter gelegentlichem Rühren anbraten. Den Knoblauch schälen und mit dem Kümmel fein hacken. Mit dem Tomatenmark dazugeben und kurz mitgaren. Die Hälfte der Rindssuppe angießen, aufkochen und zugedeckt bei schwacher Hitze 45 Minuten schmoren lassen, gelegentlich umrühren.

Das Sauerkraut grob schneiden, unter das Fleisch mengen und mit der übrigen Rindssuppe aufgießen. Aufkochen und weitere 30 Minuten bei schwacher Hitze garen. Den Sauerrahm mit dem Mehl verquirlen, unter das Gulasch rühren und 2 Minuten kochen lassen, bis die Sauce leicht andickt. Dazu schmecken Salzerdäpfel.

Fiakergulasch

Würstel und Spiegelei sind preiswerte Zugaben. Wer sich wie die Fiaker nicht so viel Fleisch leisten konnte, hatte damit ein nahrhaftes Essen.

ZUBEREITUNG: 2 STUNDEN
FÜR 4 PERSONEN

Zutaten

Für das Gulasch

600–800 g Rindsgulasch
4 große Zwiebeln
4 EL Butterschmalz
4 EL edelsüßes Paprikapulver
2 EL Essig | Salz | Pfeffer
1 Knoblauchzehe
1 TL Kümmel | 1 EL Tomatenmark
1 TL getrockneter Majoran

Außerdem

4 Frankfurter Würstel | 1 EL Butter
4 Eier | 4 Essiggurken

Das Fleisch, falls nicht schon geschehen, in mundgerechte Würfel schneiden. Die Zwiebeln schälen und fein hacken. Das Schmalz in einem Schmortopf erhitzen und die Zwiebeln darin bei mittlerer Hitze unter Rühren goldgelb anschwitzen. Das Paprikapulver unterrühren, mit dem Essig und vier Esslöffeln Wasser ablöschen und einkochen lassen.

Das Fleisch salzen und pfeffern, hinzufügen und 5 Minuten unter gelegentlichem Rühren anbraten. Den Knoblauch schälen und mit dem Kümmel fein hacken. Beides mit dem Tomatenmark und dem Majoran dazugeben und kurz mitbraten. Mit 250 Milliliter Wasser ablöschen, aufkochen und zugedeckt bei schwacher Hitze 1 ½ Stunden schmoren lassen, gelegentlich umrühren. Wenn die Flüssigkeit eingekocht ist, noch ein wenig Wasser hinzufügen. Am Ende soll die Sauce aber richtig eingedickt sein.

Die Würstel in heißem (nicht kochendem!) Wasser erhitzen. Die Butter in einer Pfanne zerlassen und darin vier Spiegeleier braten. Die Würstel herausnehmen, an den Enden einschneiden und kurz mit in die Pfanne legen. Die Gurke fächerförmig einschneiden.

Das Gulasch auf vier Teller verteilen. Jeweils ein Würstel, eine Essiggurke und ein Spiegelei dazu anrichten. Mit frischen Semmeln servieren.

▌ EINKAUFSTIPP: *Das Rindfleisch sollte von Fettadern und Sehnen durchzogen sein, die beim langsamen Schmoren schmelzen und das Gulasch schön saftig machen. Mein Lieblingsfleisch dafür kommt aus der Rinderwade.*

Beinfleisch mit Cremespinat

Einmal kochen, zweimal essen: Aus der Brühe machen Sie in den nächsten Tagen eine der Suppen von Seite 21–29!

ZUBEREITUNG: 1 ½ STUNDEN
FÜR 4 PERSONEN

Zutaten

Für das Beinfleisch

1 kg Beinfleisch (siehe unten)
2 gelbe Rüben | 1 Petersilienwurzel
1 dünne Stange Porree
1 Stück Sellerieknolle
1 Zwiebel | ½ TL Pfefferkörner
Salz | 1 Stück Krenwurzen

Für den Cremespinat

1 kg Spinat | Salz
2 EL Butter | 1 EL Mehl
125 ml Gemüsebrühe
125 g Sauerrahm
Pfeffer | Muskatnuss, frisch gerieben

Das Beinfleisch waschen. Das Gemüse putzen und klein schneiden. Die Zwiebel halbieren und ungeschält in einem Pfännchen anrösten (siehe Seite 18). In einem Suppentopf etwa 2,5 Liter Wasser aufkochen. Gemüse, Pfefferkörner und Zwiebelhälften dazugeben. Sobald das Wasser kocht, das Beinfleisch einlegen und in 1–1 ½ Stunden bei schwacher Hitze so weich kochen, dass es sich ganz leicht von den Knochen löst.

Inzwischen für den Cremespinat den Spinat putzen, waschen und verlesen. Tropfnass mit einer kräftigen Prise Salz in einen großen Topf geben und zugedeckt in etwa 5 Minuten zusammenfallen lassen, den Spinat dabei mehrmals durchheben. Abgekühlt im Mixer fein pürieren. Die Butter in einem Topf zerlassen. Das Mehl einrühren und goldgelb anschwitzen. Mit der Brühe ablöschen und sämig einkochen lassen. Sauerrahm und pürierten Spinat unterrühren, einige Minuten köcheln lassen und mit Salz, Pfeffer und Muskatnuss würzen.

Das Beinfleisch salzen und mit ein wenig Brühe (und nach Belieben Gemüse) in tiefe Teller geben. Die Krenwurzen schälen, mit einer groben Raspel Späne abschälen und daraufstreuen. Den Cremespinat separat dazu reichen. Dazu passen außerdem Rösterdäpfel (siehe Seite 97).

▌ **SCHON GEWUSST?** *Beinfleisch nennt man Fleisch mit Knochen aus der Rippengegend des Rindes. Bestellen Sie es am besten beim Metzger bzw. Fleischhauer, wie er in Österreich genannt wird, vor und lassen Sie es gleich in Portionsstücke hacken.*

▌ **TIPP:** *Statt des frischen, können Sie natürlich auch aufgetauten Tiefkühlspinat verwenden und wie beschrieben zubereiten.*

Steirisches Wurzelfleisch

Mageres Schweinefleisch in feinsäuerlichem Gemüsesud – ein leichter Eintopf, der nicht nur im Winter mundet.

ZUBEREITUNG: 45 MINUTEN
FÜR 4 PERSONEN

Zutaten

800 g Schweineschulter (ohne Schwarte)
1 große Zwiebel | 2 gelbe Rüben
1 Stück Sellerieknolle | 1 Petersilienwurzel
4 mittelgroße speckige Erdäpfel
(etwa 500 g)
1 Knoblauchzehe | 2–3 Zweige
frischer Thymian
1 Lorbeerblatt
½ TL getrockneter Majoran
(nach Belieben)
Salz | Pfeffer | 1–2 EL Essig
½ Bund Petersil
2 EL frisch geriebener Kren

Das Fleisch in mundgerechte Würfel schneiden. Die Zwiebel schälen, das Gemüse putzen und alles in feine Streifen schneiden.

Die Erdäpfel schälen und vierteln. Alle vorbereiteten Zutaten in einen Suppentopf geben. Den Knoblauch schälen und zerdrücken, mit dem Thymian, dem Lorbeerblatt und, falls verwendet, dem Majoran hinzufügen. Mit Salz und Pfeffer würzen und mit Wasser bedecken. Aufkochen und etwa 15 Minuten zugedeckt bei mäßiger Hitze kochen lassen, bis die Kartoffeln gerade weich sind, aber noch nicht zerfallen.

Lorbeerblatt und Thymian entfernen, den Essig hinzufügen und so lange weiterköcheln lassen, bis das Fleisch weich ist. (Durch den Essig garen die Erdäpfel nicht weiter.) Den Petersil waschen und trocken schütteln, die Blätter fein schneiden. Das Wurzelfleisch in tiefe Teller geben und mit Petersil und Kren bestreut servieren.

▍**VARIANTE:** *Sie können die Schweineschulter auch im Ganzen etwa 1 Stunde garen. Dazu die Hälfte des Wurzelgemüses (ohne die Erdäpfel) grob gewürfelt im Sud mitkochen. Das übrige Gemüse in streichholzfeine Stifte schneiden, vor dem Servieren in einem Esslöffel Butter in einer Pfanne anbraten, mit einer Schöpfkelle Brühe ablöschen und in 4–5 Minuten weich dünsten. Das Fleisch in Scheiben schneiden, in tiefen Tellern anrichten, die Gemüsestreifen und ein wenig Brühe daraufgeben und mit Petersil bestreuen. Dazu servieren Sie Salz- oder Petersilerdäpfel.*

Paprikahendl

Bei dieser modernen Variante des beliebten Klassikers wird das Fleisch sanft bei 120 °C gegart und bleibt dadurch schön saftig.

ZUBEREITUNG: 25 MINUTEN
FÜR 2 PERSONEN

Zutaten

1 Zwiebel | 1 Knoblauchzehe
je 1 rote und gelbe Paprikaschote
2–3 Zweige Petersil
2 kleine Hähnchenbrustfilets
(je ca. 140 g)
Salz | etwa 1 EL edelsüßes
Paprikapulver
1 EL Butter
1 EL Tomatenmark | Pfeffer

Den Backofen samt einer ofenfesten Form auf 120 °C vorheizen. Die Zwiebel und den Knoblauch schälen und fein hacken. Die Paprikaschoten von Stielansatz, Samen und Scheidewänden befreien, waschen und in kleine Rauten schneiden. Den Petersil waschen und trocken schütteln, die Blätter fein schneiden.

Die Hähnchenbrustfilets kalt abwaschen und abtrocknen, salzen und mit etwas Paprikapulver einreiben. Die Butter in einer Pfanne nicht zu stark erhitzen. Die Filets darin von jeder Seite 1 Minute anbraten. In die Form im Ofen setzen und 12 Minuten garen.

Zwiebel und Knoblauch im Bratfett goldgelb anschwitzen. Tomatenmark und Paprikarauten dazugeben und 2 Minuten bei mittlerer Hitze anbraten. Mit vier Esslöffeln Wasser ablöschen, aufkochen und 5 Minuten zugedeckt bei schwacher Hitze schmoren lassen. Mit Salz und Pfeffer würzen und den Petersil untermischen.

Das Fleisch aus dem Ofen nehmen, die Oberfläche mit dem übrigen Paprikapulver bestreuen. Das Paprikagemüse auf Teller verteilen. Die Hähnchenfilets quer in Scheiben schneiden und darauf anrichten. Dazu passen Salzerdäpfel oder Reis.

▌VARIANTE: *Für ein klassisches Paprikahendl ein junges Hähnchen von etwa 1,2 Kilogramm in acht Stücke teilen und die Haut abziehen. Das Fleisch in einem Schmortopf mit je einer gehackten Zwiebel und Knoblauchzehe und einem Esslöffel Tomatenmark in zwei Esslöffeln Butterschmalz goldbraun anbraten und mit Salz und einem Esslöffel edelsüßem Paprikapulver würzen. Mit 250 Milliliter Hühnerbrühe ablöschen und das Ganze etwa 30 Minuten zugedeckt bei schwacher Hitze schmoren lassen. Dann 150 Gramm Sauerrahm mit einem Esslöffel Mehl verrühren, die Sauce damit binden und abschließend mit etwas Zitronensaft, weiterem Paprikapulver und Salz abschmecken.*

Wiener Backhendl

Außen goldbraun und knusprig, innen zart und saftig – so ist ein Backhendl perfekt.

ZUBEREITUNG: 1 STUNDE
FÜR 4 PERSONEN

Zutaten

2 junge küchenfertige Hendl (je ca. 1 kg)
4 EL Mehl | 3 Eier
150 g Semmelbrösel | Salz
500 ml neutrales Pflanzenöl
2 EL Butterschmalz
1 Handvoll Petersilblätter
2 Zitronen

Die Hendl waschen, abtrocknen und jeweils in vier Stücke teilen. Hals und Rückgrat entfernen und die Haut abziehen. Die Keulen an den Innenseiten bis zum Knochen einschneiden, damit die Stücke gleichmäßig garen.

Zum Panieren das Mehl auf einen Teller geben, die Eier in einem Suppenteller verquirlen. Die Brösel auf einen dritten Teller geben. Die Hendlstücke kräftig salzen, erst im Mehl wenden und den Überschuss abklopfen, dann durch das verquirlte Ei ziehen und schließlich in den Semmelbröseln wenden. Die Panade gut andrücken.

Den Backofen auf 70 °C vorheizen. Öl und Butterschmalz in einer tiefen Pfanne erhitzen. Es sollte sehr heiß sein, aber noch nicht rauchen. Die Hähnchenteile darin portionsweise in 12–15 Minuten von allen Seiten knusprig braun ausbacken. Herausheben und auf Küchenpapier abtropfen lassen. Zum Warmhalten auf einer Platte in den Ofen stellen, bis alles fertig ist.

Zum Schluss die Petersilblätter knusprig frittieren. Die Zitronen waschen, abtrocknen und in Schnitze schneiden und das Backhendl mit beidem garnieren.

▌ **UND DAZU?** *Ich mag am liebsten Erdäpfel-Gurken-Salat dazu (siehe Seite 85, Variante des Erdäpfelsalats, für vier Personen doppelte Menge).*

▌ **TIPPS:** *Um zu sehen, ob die Teile fertig sind, stechen Sie mit einem spitzen Messer in die dickste Stelle bis zum Knochen. Wenn das leicht geht und kein blutiger Saft austritt, ist das Backhendl servierbereit.*

*Wenn Sie keine ganzen Hendl verwenden möchten, nehmen Sie **Schenkel und Brüste**. Dabei ist allerdings zu beachten, dass das Brustfleisch sehr schnell trocken wird. Die Schenkel deshalb zuerst in 12–15 Minuten ausbacken, die Hähnchenbrustfilets pro Seite nicht länger als 3–4 Minuten braten und sofort servieren.*

▌ **VARIANTE:** *Mischen Sie zwei Esslöffel im Mörser zerstoßene **rosa Pfefferbeeren** unter die Semmelbrösel – sie verleihen dem Backhendl eine reizvolle Schärfe.*

Feine Festtagsküche

Über viele Jahre standen bei Gastgebern wie Gästen exotische Gerichte wie Sushi und Thai-Curry hoch im Kurs und haben unseren kulinarischen Horizont erweitert. Inzwischen besinnt man sich ebenso gerne wieder auf *Traditionsgerichte aus der näheren Umgebung.* Zu Recht! Ein feiner Tafelspitz mit klassischen Beilagen oder ein perfekt gebratenes, knusprig-zartes Wiener Schnitzel erfreut die Gaumen wie eh und je. Ein Hoch der wiederentdeckten Wiener Küche!

Klassische Spezialitäten

Zu festlichen Anlässen darf es gerne *etwas Besonderes* sein. Die klassische Wiener Festtagsküche bietet eine Fülle an Rezepten, für *Familienfeiern* ebenso geeignet wie für ein *feines Essen mit Freunden*.

Schweinsbraten mit Knödel, Rouladen mit selbst gemachtem Erdäpfelpüree und Wiener Schnitzel mit Erdäpfelsalat kennen viele als typische Sonntagsessen von früher. Lungenbraten, Rotweinbraten oder Gansl kamen an besonderen Feiertagen auf den Tisch. Wie gut schmeckten da die Saucen! Und die Knödel! Nachdem diese zugegebenermaßen äußerst üppigen Gerichte etwas aus der Mode kamen, geriet auch die richtige Zubereitung ein wenig aus dem Blick. Tatsächlich sind gute Bratensaucen Erfahrungssache und wie der Teig für Knödel beschaffen sein muss, dass diese perfekt gelingen, hatte die Köchin früher im Gefühl. Doch es ist keine Zauberei, mithilfe der genauen Rezeptanleitung im folgenden Kapitel und ein wenig Übung bekommen Sie beides ganz sicher ebenso hin.

Im Alltag ernähren wir uns heute üblicherweise leichter und gesünder. Schließlich müssen die wenigstens von uns heute noch täglich schwer körperlich arbeiten. Frische Salate, reichlich Obst und Gemüse, dazu Fisch oder eher wenig und fettarmes Fleisch, sind für moderne Menschen mit überwiegend sitzender Tätigkeit einfach die bessere Wahl. Aber manchmal ist ein großer Festtagsbraten angesagt, und auch der muss kalorienmäßig nicht alle Grenzen sprengen. Damit Sie und Ihre Gäste nach dem Schmaus nicht müde ächzen, habe ich die überlieferten Rezepte ein wenig entfettet und modernisiert. Dem Genuss tun die kleinen Veränderungen keinen Abbruch, versprochen!

Vorspeisen

War ein Dreigängemenü geplant, so gab es früher meist eine Suppe als Vorspeise. Das können Sie auch heute so halten, die klare Rindssuppe mit Kaiserschöberln (siehe Seite 21) oder die Terlaner Weinsuppe (siehe Seite 24) beispielsweise eignen sich gut als Auftakt. Wer, besonders in der warmen Jahreszeit, etwas Frisches bevorzugt, serviert eine Tafelspitzsulz (siehe Seite 72) oder einen Backhendlsalat mit Kernöl (siehe Seite 77) als ersten Gang.

Fleischeslust

Fleisch, vor allem das vom Rind, spielt in der österreichischen Küche die Hauptrolle: Angefangen bei Kalbsschnitzeln, Kalbsvögerln und Lungenbraten über Beiried für Rostbraten bis zu Tafelspitz und Schulterbraten – zu einem guten Essen gehört für einen Wiener ein ordentliches Stück Fleisch. Und wenn es nicht am Stück serviert wird, so genießt er ein Gulasch, für das vorzugsweise saftiges Fleisch aus der Wade verwendet wurde (Rezepte dafür finden Sie im Kapitel »Wirtshausküche« auf den Seiten 55–58). Es muss übrigens nicht immer ein Gustostückerl sein, auch Innereien wie Beuschel, Leber und Nierndln erfreuen sich, speziell bei der älteren Generation, nach wie vor großer Beliebtheit.

Schweinernes war von jeher etwas weniger gefragt, kommt aber in den allseits beliebten Würsteln zum Einsatz. Daneben kam früher regelmäßig Schöpsernes, so die österreichische Bezeichnung für Hammelfleisch, auf den Tisch. In alten Kochbüchern finden sich vielerlei Zubereitungsarten dafür. Den meisten Menschen ist heutzutage der Geschmack zu streng. Gegen ein zartes gebackenes Lamm oder ein Lammkarree mit Knusperkruste (siehe Seite 101) aber hat kaum jemand etwas einzuwenden. Die passen ohne Weiteres auch in ein modernes Gourmetmenü.

Ein schön gedeckter Tisch lädt ein zum *Festtagsschmaus* in geselliger Runde.

Bleibt noch das Geflügel, unter dem die Hendl die Hitliste anführen. Die Rezepte dafür stehen überwiegend im Kapitel »Wirtshausküche«, schließlich gibt's die besten Backhendl dort. Außen die goldbraune, knusprige Panade, innen das saftig-zarte Hähnchenfleisch – einfach umwerfend gut. Was nicht heißen soll, dass sie nicht das Zeug zu einem echten Festtagsschmaus haben. Nicht fehlen darf in diesem Kapitel zur Wiener Festtagsküche das Martinigansl (siehe Seite 104), das Sie natürlich auch zu Weihnachten servieren können. Das Rezept für das Maroni-Blaukraut als Beilage ist eher neueren Datums, schmeckt aber fabelhaft dazu.

Aus Fluss und See

In der österreichischen Küche finden sich, wen wundert es, fast ausschließlich Rezepte für Süßwasserfische. Forelle und Saibling, Hecht und Zander sind die Favoriten, die wie geschaffen sind für ein sommerlich-leichtes Menü, das gleichzeitig durchaus raffiniert sein kann. Die Hechtnockerln auf Blattspinat (siehe Seite 79) oder der gefüllte Zander (siehe Seite 82) beispielsweise werden auch die Gourmets unter Ihren Gästen bezaubern. Mein Favorit sind die Bachsaiblinge (siehe Seite 81). Bei der ganz einfachen Zubereitung im Pergament kommt, wie ich finde, der Eigengeschmack der zarten Fischlein besonders gut zur Geltung.

Beilagen

Gemüse und frische Salate spielen in der traditionellen österreichischen Küche eine eher untergeordnete Rolle. Die klassischen Begleiter zu Gulasch, Braten und Co. sind Erdäpfel in vielerlei Zubereitungsarten. Ob als Salat, in Form von Salz-, Butter- oder Petersilerdäpfeln, geröstet oder gebraten, ohne sie kommt kaum ein Gericht aus. Die Alternative sind Eiernockerln (siehe Seite 44) oder Knödel: Semmelknödel (siehe Seite 49), böhmische Knödel (siehe Seite 95) und die feineren Serviettenknödel (siehe Seite 98) eignen sich ausgezeichnet für alle Gerichte mit Sauce.

Feine Festtagsküche

Tafelspitzsulz

In feinem Aspik kommt der Rest vom Tafelspitz zu neuen Ehren.

ZUBEREITUNG: 30 MINUTEN
KÜHLEN: 4 STUNDEN
FÜR 4 PERSONEN

Zutaten

8 Blatt weiße Gelatine
1 gelbe Rübe | 1 Petersilienwurzel
1 Stück Sellerieknolle | Salz
400 g gekochter Tafelspitz
(siehe Seite 97)
400 ml Rindssuppe (siehe Seite 18)
2 EL Weißweinessig | Pfeffer
1 Bund Schnittlauch
150 g Schmant | 2 EL Zitronensaft
Zucker

Die Gelatine 10 Minuten in kaltem Wasser einweichen. Inzwischen das Gemüse putzen und millimeterfein würfeln; 1–2 Minuten in Salzwasser blanchieren. Abgießen und kalt abspülen oder in Eiswasser geben. Den Tafelspitz in feine Streifen schneiden.

Die Rindssuppe erhitzen. Die Gelatine ausdrücken und unter Rühren darin auflösen. Mit Essig, Salz und Pfeffer leicht überwürzen (das Gelee schmeckt sonst später fad). Eine Terrinenform oder vier Portionsförmchen mit ein wenig davon ausgießen und im Kühlschrank in 10 Minuten gelieren lassen (für die glatte Oberfläche). Gemüsewürfel und Tafelspitzstreifen unter die übrige Suppe rühren, Form oder Förmchen damit füllen und für etwa 4 Stunden kalt stellen.

Für die Sauce den Schnittlauch waschen, trocken schütteln und in Röllchen schneiden. Den Schmant mit dem Zitronensaft verrühren, mit Salz, Pfeffer und einer Prise Zucker abschmecken.

Zum Stürzen das Gelee am Rand mit einem spitzen Messer lösen. Den Boden von Form oder Förmchen kurz in heißes Wasser tauchen. Die Tafelspitzsulz aus der Form auf ein Brett stürzen und in Scheiben schneiden, aus den Förmchen direkt auf vier Teller stürzen. Mit der Schnittlauchsauce garnieren.

Feine Festtagsküche

Räucherforelle auf Rahmgurken

Die lauwarmen Gurken bringen das Aroma des Räucherfischs bestens zur Geltung.

ZUBEREITUNG: 25 MINUTEN
FÜR 4 PERSONEN

Zutaten

2 kleine Salatgurken | 1 rote Zwiebel
2–3 Stängel Dill | 2 EL Butter
125 ml Grüner Veltliner
125 g Crème fraîche
Salz | weißer Pfeffer
4 geräucherte Forellenfilets
(etwa 250 g)

Die Gurken waschen, streifig schälen und längs halbieren. Die Kerne herauskratzen und die Gurkenhälften in dicke Halbringe schneiden. Die Zwiebel schälen und fein hacken. Den Dill waschen und trocken schütteln. Vier hübsche Zweiglein für die Dekoration beiseitelegen, die übrigen Dillspitzen hacken.

Die Butter in einer Pfanne zerlassen, die Zwiebel darin glasig anschwitzen. Die Gurken dazugeben und kurz unter Rühren anbraten. Mit dem Wein ablöschen, aufkochen und 5 Minuten zugedeckt schmoren lassen. Die Crème fraîche einrühren und die Sauce sämig einkochen lassen. Den gehackten Dill unterrühren und mit Salz und weißem Pfeffer würzen.

Die Rahmgurken auf vier Vorspeiseteller verteilen. Die Räucherfilets teilen und darauf anrichten. Mit den Dillzweiglein garniert servieren.

Rindfleischsalat

Ursprünglich ein herzhaftes Resteessen, in dieser feinen Variante eine begehrte Vorspeise.

ZUBEREITUNG: 25 MINUTEN
MARINIEREN: 1 STUNDE
FÜR 4 PERSONEN

Zutaten

400 g gekochtes Rindfleisch
1 rote Zwiebel | 2 Frühlingszwiebeln
2 Essiggurken | ½ rote Paprikaschote
3 EL Weißweinessig | Salz | Pfeffer
je 2 EL neutrales Öl und Kürbiskernöl
Salatblätter zum Anrichten
2 EL Schnittlauchröllchen (nach Belieben)

Das Rindfleisch quer zur Faser zuerst in Scheiben und dann in Streifen schneiden. Die Zwiebel schälen, längs halbieren und in feine Spalten schneiden. Die Frühlingszwiebeln putzen, waschen und schräg in feine Ringe schneiden. Die Essiggurken fein würfeln. Die Paprikaschote putzen, waschen und ebenfalls fein würfeln.

Den Essig in einer Schüssel mit je einer kräftigen Prise Salz und frisch gemahlenem Pfeffer verrühren und die beiden Ölsorten unterschlagen. Die vorbereiteten Zutaten untermischen und 1 Stunde durchziehen lassen.

Die Salatblätter waschen, trocken tupfen und auf Tellern anrichten. Den Rindfleischsalat darauf anrichten und nach Belieben mit Schnittlauchröllchen bestreuen.

▎ VARIANTE: *Wer mag, garniert den Salat noch mit einem in Scheiben geschnittenen hart gekochten Ei.*

Backhendlsalat mit Kernöl

Knusprig-zartes Hähnchenfilet auf aromatisch angemachtem Vogerlsalat – eins meiner Wiener Lieblingsgerichte.

ZUBEREITUNG: 1 STUNDE
FÜR 4 PERSONEN

Zutaten

4 mittelgroße speckige Erdäpfel
2 Handvoll Vogerlsalat
3 EL Weißweinessig | Salz
Pfeffer | Zucker
je 3 EL neutrales Pflanzenöl
und Kürbiskernöl
400 g Hähnchenbrustfilet
4 EL Mehl | 4 EL Semmelbrösel | 1 Ei
Öl zum Ausbacken

Die Erdäpfel waschen, in einem Topf mit Wasser bedecken und halb zugedeckt in etwa 25 Minuten weich kochen. Dann abgießen, ausdampfen lassen und schälen. In Scheiben schneiden, auf vier tiefe Teller verteilen und leicht salzen.

Den Vogerlsalat putzen, waschen und abtropfen lassen. Für das Dressing den Essig in einer Salatschüssel mit je einer kräftigen Prise Salz und Pfeffer und einer Messerspitze Zucker verrühren. Die beiden Ölsorten mit dem Schneebesen gründlich unterschlagen.

Die Hähnchenbrustfilets waschen, abtrocknen und schräg in gut daumendicke Stücke schneiden. Das Mehl auf einen Teller, die Semmelbrösel auf einen anderen Teller geben. Das Ei in einem tiefen Teller mit einem Teelöffel Wasser verquirlen. Die Hähnchenstreifen mit Salz und Pfeffer würzen. Zuerst im Mehl wenden und den Überschuss abklopfen, dann durch das verschlagene Ei ziehen und schließlich in den Bröseln wenden. Die Panade sanft andrücken.

In einer Pfanne einen Zentimeter hoch Öl erhitzen. Die Hähnchenstücke darin bei mittlerer Temperatur von jeder Seite in 2 Minuten goldbraun braten. Herausheben, auf Küchenpapier abtropfen lassen.

Den Vogerlsalat mit der Salatsauce mischen und auf die Kartoffelscheiben geben. Die knusprigen Backhendlstücke darauf anrichten und den Salat sofort servieren.

▎ **VARIANTE:** *Für eine feine Variante mischen Sie zwei Esslöffel gehackte* **Kürbiskerne** *unter die Semmelbrösel. Die Erdäpfel nicht kochen und als Unterlage nehmen, sondern roh in knapp einen halben Zentimeter große Würfel schneiden und, während das Backhendl brät, in einer zweiten Pfanne in 3–4 Minuten knusprig ausbacken, salzen und über die Salate streuen. Den Tellerrand mit* **Kernöl** *dekorativ garnieren.*

Hechtnockerln auf Blattspinat

Klassische Wiener Hechtnockerln werden mit Brandteig zubereitet, ich bevorzuge diese moderne, feinere Variante.

ZUBEREITUNG: 1 STUNDE
FÜR 4 PERSONEN

Zutaten

Für die Hechtnockerln

1 altbackene Semmel | 100 g Obers
400 g frisches Hechtfilet
2 EL Zitronensaft
1 EL Sauerrahm | 1 Ei
Salz | weißer Pfeffer

Für den Spinat

800 g Babyspinat | Salz
1 Knoblauchzehe
20 g Butter | Pfeffer | Muskatnuss, frisch gerieben

Außerdem

200 ml Fischfond
2 Eidotter | 4 EL Obers
Zucker | 1–2 TL Zitronensaft

Die Semmel entrinden, klein würfeln, mit dem Obers mischen und kalt stellen. Das Fischfilet abwaschen, abtrocknen, würfeln, mit dem Zitronensaft mischen und ebenfalls kalt stellen.

Den Spinat waschen, verlesen und tropfnass mit einer kräftigen Prise Salz in einen großen Topf geben. Den Knoblauch schälen, halbieren und dazugeben. Den Spinat in etwa 5 Minuten bei starker Hitze zusammenfallen lassen, dabei ein paar Mal durchheben. Abgießen und beiseitestellen.

Die eingeweichte Semmel mit dem Hechtfilet, dem Sauerrahm und dem Ei im Mixer fein pürieren. Mit Salz und weißem Pfeffer würzig abschmecken. In einem Topf mit Dämpfeinsatz den Fischfond aufkochen. Aus der Fischfarce mit zwei immer wieder befeuchteten Esslöffeln zwölf Nockerln abstechen und in den Dämpfeinsatz legen. Zugedeckt bei schwacher Hitze 8–10 Minuten dämpfen.

Inzwischen die Butter in einer Pfanne schmelzen. Den Spinat ausdrücken und darin wieder erwärmen (Knoblauch entfernen). Mit Salz und Muskatnuss würzen.

Den Dämpfeinsatz herausnehmen. Den Fischfond bei starker Hitze aufkochen. Die Eidotter und das Obers verquirlen. Den Topf vom Herd nehmen und die Mischung mit dem Schneebesen unterrühren, nicht mehr kochen lassen. Mit Zitronensaft und einer Prise Zucker abschmecken.

Den Spinat auf vorgewärmte Teller geben, je drei Hechtnockerln daraufsetzen und mit der Sauce überziehen.

Feine Festtagsküche

Bachsaibling im Pergament

Geht ganz einfach und macht viel her – prima für ein schönes Fischessen zu zweit.

ZUBEREITUNG: 35 MINUTEN
FÜR 2 PERSONEN

Zutaten

Für die Saiblinge

2 küchenfertige frische Bachsaiblinge
(je ca. 300 g)
Salz | Pfeffer
2 Zweige Petersil
40 g Butter

Für das Erdäpfel-Petersil-Püree

400 g mehlige Erdäpfel
1 große Petersilienwurzel
Salz | ½ Bund Petersil
40 g Butter | Muskatnuss,
frisch gerieben

Den Backofen auf 180 °C vorheizen. Pro Fisch zwei etwa 40 Zentimeter große Stücke Butterbrotpapier übereinanderlegen und in der Mitte mit ein wenig Butter bestreichen. Die Fische innen und außen waschen und abtrocknen. Innen und außen salzen und pfeffern. Den Petersil waschen und trocken schütteln. Je einen Zweig zusammenfalten und mit einem Stückchen Butter in einen Fischbauch schieben. Die Fische in das doppelt gelegte Butterbrotpapier wickeln und die Enden zubinden. Auf ein Blech legen und im Backofen etwa 25 Minuten garen.

Inzwischen die Erdäpfel schälen und klein würfeln. Die Petersilienwurzel schälen und klein schneiden. Zusammen mit Salzwasser bedeckt in 12–15 Minuten weich kochen. Inzwischen den Petersil waschen, trocken schütteln und die Blätter fein schneiden. Die Butter in einem Pfännchen schmelzen, den Petersil darin 1 Minuten braten. Das Wasser von den Erdäpfeln und Petersilienwurzeln abgießen und das Gemüse mit dem Erdäpfelstampfer nicht zu fein zerdrücken. Die Petersilbutter unterrühren und mit Salz und etwas frisch geriebener Muskatnuss abschmecken.

Die Saiblinge (eventuell im Pergament) auf vorgewärmte Teller heben. Das Erdäpfel-Petersil-Püree separat dazu servieren. Einen Teller für die Gräten bereitstellen. Wer mag, reicht noch flüssige Butter für den Fisch und einen Gurkensalat dazu.

▍ VARIANTE: *Wenn Bachsaiblinge nicht erhältlich sind, können Sie auch* **Forellen** *auf diese Weise zubereiten.*

Gefüllter Zander

Dieses edle Fischgericht macht zwar etwas Mühe, ist aber sowohl optisch als auch kulinarisch ein echtes Highlight für zwei Genießer.

ZUBEREITUNG: 50 MINUTEN
FÜR 2 PERSONEN

Zutaten

Für den Zander

1 mittelgroßer Zander (etwa 600 g, vom Fischhändler die Filets auslösen lassen, Haut nicht entfernen)
200 g Zanderfilet (ohne Haut)
2 EL Zitronensaft
1 altbackene Semmel | 4 EL Obers
3 junge gelbe Rüben
2 dünne Stangen Porree
1 Petersilienwurzel | Salz
1 Ei | 1 EL Schmant
(ersatzweise Crème fraîche)
weißer Pfeffer | 2 EL Butter

Für die Sauce

1 Schalotte | 1 EL Butter
4 EL Weißwein | 4 EL Obers
Salz | weißer Pfeffer

Die ganzen Zanderfilets und das zusätzliche Stück kalt abwaschen und abtrocknen. Mit den Fingerspitzen nach Gräten untersuchen und gegebenenfalls mit einer Pinzette entfernen. Das Stück Zanderfilet klein schneiden, mit dem Zitronensaft beträufeln und kalt stellen. Die Semmel entrinden, klein schneiden, mit dem Obers beträufeln und ebenfalls kalt stellen.

Das Gemüse waschen, putzen bzw. schälen. Zwei Esslöffel davon für die Fischfarce ganz klein zu Konfetti würfeln. Einige lange Porreestreifen zurechtschneiden, um den Fisch später zu binden. Porreestreifen und Gemüsekonfetti 1 Minuten in Salzwasser blanchieren, abgießen, kalt abbrausen und trocken tupfen. Das übrige Gemüse grober würfeln, in eine Auflaufform geben, mit Salz und weißem Pfeffer würzen und ein paar Esslöffel Wasser angießen.

Den Backofen auf 180 °C vorheizen. Die Zanderfilets mit Salz und weißem Pfeffer würzen. Den mit Zitrone marinieren Fisch mit der eingeweichten Semmel, dem Ei und dem Schmant fein pürieren. Das Gemüsekonfetti unterrühren und mit Salz und weißem Pfeffer würzig abschmecken. Die Fischfarce auf die Innenseite des einen Zanderfilets streichen, das zweite Filet mit der Hautseite nach oben darauflegen und sanft andrücken. Den Fisch mit den Porreestreifen binden und auf das Gemüse in die Form geben. Die Butter in Flöckchen über Fisch und Gemüse verteilen und alles zugedeckt im Backofen etwa 25 Minuten garen.

Kurz vor Ende der Garzeit die Schalotte schälen und sehr fein hacken. In der Butter in einem Pfännchen anschwitzen. Mit Wein und Obers ablöschen und cremig einkochen lassen. Mit Salz und weißem Pfeffer abschmecken. Zum Servieren den gefüllten Fisch ganz präsentieren, vor dem Essen aber die Haut entfernen. Gemüse und Sauce dazu reichen. Dazu passen außerdem Petersilerdäpfel.

Feine Festtagsküche

Wiener Schnitzel mit Erdäpfelsalat

Zartes Kalbfleisch in goldbrauner, wellig aufgegangener Knusperhülle – so müssen sie sein, die echten Wiener Schnitzel.

ZUBEREITUNG: 40 MINUTEN
FÜR 2 PERSONEN

Zutaten

Für die Schnitzel

4 EL Semmelbrösel
3 EL Mehl | 1 Ei | 1 EL Milch
2 dünne Kalbsschnitzel (je ca. 150 g)
Salz | Pfeffer
Butterschmalz zum Ausbacken

Für den Erdäpfelsalat

400 g speckige Erdäpfel
1 kleine Zwiebel (nach Belieben)
½ Tasse heiße Rindssuppe
(siehe Seite 18; ersatzweise
Instant-Gemüsebrühe)
2 EL Weißweinessig | Salz
3 EL Öl

Für den Salat die Erdäpfel waschen, in einem Topf mit Wasser bedecken und halb zugedeckt in etwa 25 Minuten weich kochen. Die Zwiebel, falls verwendet, schälen und fein würfeln. In die heiße Rindssuppe geben. Den Essig mit einer kräftigen Prise Salz und dem Öl verquirlen und die Suppe samt Zwiebelwürfelchen untermischen. Die Erdäpfel abgießen, etwas ausdampfen lassen und noch warm schälen. In Scheiben schneiden, in einer Schüssel mit der Marinade mischen und zum Durchziehen beiseitestellen.

Zum Panieren der Schnitzel die Semmelbrösel auf einen Teller, das Mehl auf einen zweiten Teller geben. Das Ei in einem tiefen Teller mit der Milch verquirlen. Die Schnitzel mit der glatten Seite des Fleischklopfers flach klopfen und mit Salz und Pfeffer würzen. Zuerst im Mehl wenden und den Überschuss abklopfen, dann durch das verschlagene Ei ziehen und schließlich in den Bröseln wenden. Die Panade sanft andrücken.

In einer Pfanne einen Zentimeter hoch Butterschmalz erhitzen. Die Schnitzel darin bei mittlerer Hitze von jeder Seite in 2–3 Minuten goldbraun braten. Um die charakteristisch wellige Knusperhülle zu erzielen, rütteln Sie die Pfanne gelegentlich und lassen das heiße Butterschmalz über die Schnitzel schwappen. Die Schnitzel herausheben und auf Küchenpapier abtropfen lassen.

Den Erdäpfelsalat vor dem Servieren noch einmal abschmecken und zusammen mit den Schnitzeln servieren. Wer mag, garniert die Schnitzel mit einem Zitronenschnitz und frittiertem Petersil (siehe Seite 66).

▌ **SCHON GEWUSST?** *Echte Wiener Schnitzel werden aus dünn geschnittenem, magerem Kalbfleisch, am besten aus der Oberschale, zubereitet. Panierte Schweine- oder Putenschnitzel heißen »**Schnitzel Wiener Art**«.*

▌ **VARIANTE:** *Rindssuppe oder Gemüsebrühe machen den Erdäpfelsalat schön saftig. Als frische Alternative **eine halbe Salatgurke** schälen und in dünne Scheiben hobeln. Mit Salz bestreuen und 5 Minuten Wasser ziehen lassen, dann mit den Händen ausdrücken. Mit Essig, Öl und nach Belieben Pfeffer anmachen und unter die Kartoffeln mengen.*

Feine Festtagsküche

Geschmorte Kalbsvögerl

Das ausgelöste Fleisch der Kalbsstelze erinnert von der Form her an kleine Vögel – daher hat das Gericht seinen Namen.

ZUBEREITUNG: 1 ¼ STUNDEN
FÜR 4 PERSONEN

Zutaten

800 g Kalbsvögerl (ausgelöste Kalbsstelze) | Salz
Pfeffer | 2 Zwiebeln | 2 Knoblauchzehen
2 gelbe Rüben | 1 Stück Sellerieknolle
2 EL Butterschmalz | 1 EL Tomatenmark
400 ml Kalbsfond (aus dem Glas)
3 Zweige frischer Thymian
1 Lorbeerblatt | 1 EL Mehl

Den Backofen auf 180 °C vorheizen. Das Fleisch abwaschen und trocken tupfen, von Häutchen und Sehnen befreien und entlang der Muskelstränge in große Stücke teilen. Mit Salz und Pfeffer würzen. Die Zwiebeln schälen und fein hacken, den Knoblauch ungeschält andrücken. Das Gemüse putzen und fein würfeln.

Das Butterschmalz in einem Schmortopf erhitzen und das Fleisch darin rundherum kräftig anbraten. Herausheben. Die Zwiebeln im Bratfett goldgelb anschwitzen, dann das Gemüse und das Tomatenmark dazugeben und kurz mitbraten. Den Fond angießen und aufkochen lassen. Das Fleisch einlegen, Knoblauch, Thymian und Lorbeer dazugeben und etwa 45 Minuten zugedeckt im Ofen schmoren lassen.

Zur Garprobe mit einem spitzen Messer in das dickste Stück stechen. Wenn das ganz leicht geht, sind die Kalbsvögerl fertig; dann herausnehmen und warm stellen. In einer Tasse das Mehl mit drei Esslöffeln kaltem Wasser mischen, unter Rühren zur Schmorsauce geben und diese einige Minuten kochen lassen, bis sie schön bindet. Mit Erdäpfeln oder Bandnudeln servieren.

Adjutantenrouladen

Dieses kaiserzeitliche Rezept macht nicht nur geschmacklich, sondern auch optisch was her.

ZUBEREITUNG: 1 ¼ STUNDEN
FÜR 4 PERSONEN

Zutaten

4 dünne Rindsrouladen (je ca. 140 g)
Salz | Pfeffer | 2 EL Senf
4 dünne Schweineschnitzel (je ca. 100 g)
80 g durchwachsener Speck
2 Sardellenfilets (in Öl)
1 EL kleine Kapern
2 EL fein gehackter Petersil
2 Zwiebeln | 2 EL neutrales Pflanzenöl
500 ml Rindssuppe (siehe Seite 18)
100 g Sauerrahm | 1 EL Mehl

Die Rindsrouladen auf der Arbeitsfläche ausbreiten, trocken tupfen, salzen, pfeffern und dünn mit Senf bestreichen. Die Schweineschnitzel flach klopfen und drauflegen. Speck, Sardellenfilets und Kapern zusammen hacken, mit dem Petersil mischen und darauf verteilen. Die Rouladen aufrollen und mit Küchengarn binden.

Die Zwiebeln schälen und hacken. Das Öl in einem Schmortopf erhitzen und die Rouladen darin von allen Seiten braun anbraten. Herausnehmen. Die Zwiebeln im Bratfett goldbraun anbraten. Mit der Suppe ablöschen und aufkochen lassen. Die Rouladen einlegen und bei mäßiger Hitze etwa 45 Minuten schmoren lassen.

Die Rouladen herausnehmen und das Garn entfernen. Sauerrahm und Mehl verrühren, unter die Sauce rühren und diese einige Minuten sämig einkochen lassen. Die Rouladen in die Sauce geben und noch 5 Minuten zugedeckt ziehen lassen. Dazu schmeckt Erdäpfel-Petersil-Püree (siehe Seite 81).

Feine Festtagsküche

Kalbslungenbraten mit Spargel

Ob Filet oder Lende – in jedem Fall ein feiner Braten für festliche Anlässe.

ZUBEREITUNG: 1 ½ STUNDEN
RUHEN: 2 STUNDEN
FÜR 6 PERSONEN

Zutaten

1,5 kg Lungenbraten
2 EL neutrales Pflanzenöl | Pfeffer
1 gelbe Rübe | 1 Stück Sellerieknolle
1 Petersilienwurzel
3 EL Butter | 250 ml Weißwein | 1 EL Mehl

Für den Spargel

1,5 kg weißer Spargel
2 TL Salz | 2 TL Zucker | 2 TL Butter

Den Lungenbraten kalt abwaschen und trocken tupfen. Rundherum mit dem Öl einreiben, pfeffern und zugedeckt 2 Stunden bei Zimmertemperatur ruhen lassen.

Inzwischen den Spargel schälen und die Enden abschneiden. Die Schalen und Enden mit zwei Liter Wasser, dem Salz, dem Zucker und der Butter in einem Topf aufkochen und 10 Minuten kochen lassen. Abseihen, den Sud dabei auffangen und später zum Spargelkochen verwenden.

Den Backofen auf 180 °C vorheizen. Das Gemüse putzen und fein schneiden. Die Butter in einem Reindl nicht zu stark erhitzen, das Fleisch darin von allen Seiten anbraten, salzen und herausnehmen. Das Gemüse im Bratfett kurz anrösten. Mit dem Wein ablöschen und den Braten wieder einsetzen. Ins Backrohr schieben und etwa 1 Stunde braten, dabei nach und nach gut 250 Milliliter Wasser angießen und den Braten regelmäßig mit dem Bratensaft begießen.

Den Spargelsud aufkochen und den Spargel darin bei schwacher Hitze etwa 15 Minuten garen.

Den Braten herausnehmen und zugedeckt 10 Minuten ruhen lassen. Die Sauce durch ein feines Sieb in einen Topf gießen, das Gemüse gut ausdrücken. Die Sauce aufkochen lassen. Das Mehl in einer Tasse mit drei Esslöffeln kaltem Wasser glatt verrühren. Unter die Sauce mischen und diese einige Minuten einkochen lassen, bis sie leicht bindet. Den Braten in Scheiben schneiden, mit etwas Sauce und dem Spargel auf vorgewärmten Tellern anrichten.

▍ *UND DAZU? Für **Petersilerdäpfel** 800 Gramm speckige Erdäpfel schälen, in Würfel schneiden und in etwa 12 Minuten in Salzwasser weich kochen. Das Wasser aus dem Topf abgießen und die Erdäpfel ein wenig ausdampfen lassen. Einen Esslöffel Butter und drei Esslöffel frisch gehackten Petersil dazugeben, den Deckel auflegen und den Topf mit beiden Händen kräftig durchrütteln, bis alle Erdäpfelstückchen gut mit Petersilbutter überzogen sind.*

Zwiebelrostbraten

Ein ordentliches Stück Fleisch, mit würzigen Zwiebeln – immer wieder ein Festtagsschmaus.

ZUBEREITUNG: 25 MINUTEN
FÜR 2 PERSONEN

Zutaten

20 g Butter | 2 große Zwiebeln
etwa 100 ml neutrales Pflanzenöl
2 Scheiben Beiried (je etwa 150 g)
Salz | Pfeffer | 1 EL Mehl
125 ml Rindssuppe (siehe Seite 18; ersatzweise Rinderfond aus dem Glas)

Die Butter in kleine Würfel schneiden und ins Gefrierfach geben. Die Zwiebeln schälen und in Ringe schneiden. In einer Pfanne einen Zentimeter hoch Öl erhitzen und die Zwiebeln darin unter regelmäßigem Wenden goldbraun frittieren. Herausnehmen und auf Küchenpapier legen.

Das Öl bis auf einen dünnen Film abgießen. Die Fettschicht am Rand des Beirieds mehrfach einschneiden, damit sich die Fleischstücke beim Braten nicht wölben. Das Fleisch salzen und pfeffern und auf einer Seite in Mehl tauchen. Die Pfanne wieder erhitzen, die Beiried-Scheiben mit der Mehlseite einlegen und 2–3 Minuten bei mittlerer Hitze anbraten. Wenden und auf der anderen Seite ebenfalls 2–3 Minuten braten. Die Suppe angießen, aufkochen und das Fleisch 10 Minuten zugedeckt bei schwacher Hitze ziehen lassen.

Die Rostbraten auf vorgewärmte Teller geben. Die eiskalte Butter unter die Sauce rühren, jetzt nicht mehr kochen lassen. Die Zwiebeln untermischen und sofort auf dem Fleisch verteilen.

▌UND DAZU? *Für geröstete Erdäpfelscheiben drei bis vier mittelgroße gekochte speckige Erdäpfel schälen und in nicht zu dünne Scheiben schneiden. In einer großen Pfanne Öl oder Schmalz erhitzen und die Erdäpfelscheiben darin nebeneinander (sie dürfen nicht übereinanderlappen!) braten, bis sie goldbraune Ränder bekommen. Nach Belieben mit Kümmel bestreuen, umdrehen und auf der anderen Seite ebenfalls knusprig goldbraun braten. Salzen, herausnehmen und kurz auf Küchenpapier legen.*

▌VARIANTE: *Für einen sogenannten* **Vanillerostbraten** *statt der Zwiebeln sechs Knoblauchzehen fein hacken, zu dem Fleisch in die Pfanne geben und in der Bratbutter goldgelb anschwitzen (Vorsicht, der Knoblauch darf nicht zu dunkel werden, sonst schmeckt er bitter!), mit der Suppe ablöschen und die Sauce wie beschrieben mit eiskalter Butter binden. Woher der Name kommt? Exotische Gewürze wie Vanille waren zur Kaiserzeit für die meisten unerschwinglich, Knoblauch nannte man so spöttisch die »Vanille des kleinen Mannes«.*

Esterházy-Rostbraten

Ein wahres Festessen – benannt nach einem der reichsten österreichisch-ungarischen Magnatengeschlechter.

ZUBEREITUNG: 45 MINUTEN
FÜR 4 PERSONEN

Zutaten

4 Scheiben Beiried (je etwa 150 g)
Salz | Pfeffer | 2 EL Mehl
1 Zwiebel | 1 gelbe Rübe
1 Stück Sellerieknolle
1 Petersilienwurzel
50 g geräucherter Speck
2–3 Sardellenfilets (in Öl)
2 EL neutrales Pflanzenöl
2 TL kleine Kapern
250 ml Rindssuppe (siehe Seite 18)
150 g Sauerrahm | 1 EL Mehl
1–2 TL Zitronensaft | Zucker
2 EL fein gehackter Petersil
(nach Belieben)

Den Backofen auf 160 °C vorheizen, eine ofenfeste Form bereitstellen. Die Beiried klopfen und den Fettrand mehrfach einschneiden, damit sich die Fleischstücke beim Braten nicht wölben. Salzen, pfeffern und eine Seite in Mehl tauchen.

Die Zwiebel schälen und in feine Streifen schneiden. Das Gemüse putzen und in streichholzfeine Streifen schneiden. Den Speck und die Sardellen fein würfeln.

Das Öl in einer Pfanne erhitzen, die Beiriedscheiben darin auf der bemehlten Seite etwa 2 Minuten anbraten, wenden und weitere 2 Minuten garen. Nebeneinander in die Form legen. Zwiebel, Speck und Sardellen in der Pfanne anrösten, Gemüsestreifen und Kapern dazugeben mit der Rindssuppe ablöschen. Sauerrahm und Mehl verquirlen und unterrühren. Die Mischung über das Fleisch gießen und dieses 20 Minuten im Backofen garen.

Die Rostbraten auf vorgewärmte Teller geben. Die Sauce mit Salz, Pfeffer, Zitronensaft und einer Prise Zucker abschmecken und darüber verteilen. Nach Belieben mit gehacktem Petersil bestreuen. Dazu schmecken Buttererdäpfel.

Feine Festtagsküche

Rotweinbraten mit böhmischen Knödeln

Der Knödelteig darf nicht zu pappig, aber auch nicht zu fest sein – Übung macht den Meister!

ZUBEREITUNG: 2 ½ STUNDEN
MARINIEREN: 24 STUNDEN
FÜR 6 PERSONEN

Zutaten

Für den Braten

1,2 kg Rindsbraten (z. B. Schulter)
1 Flasche kräftiger Rotwein
1 Zwiebel | 1 gelbe Rübe
2 Stangen Staudensellerie
1 Lorbeerblatt
1 TL schwarze Pfefferkörner
Salz | 50 g durchwachsener Speck
2 EL neutrales Pflanzenöl
1 EL Mehl

Für die Knödel

6 altbackene Semmeln | 2 EL Butter
400 g Mehl | 5 Eier | Salz

Den Rindsbraten trocken tupfen und in eine Schüssel legen. Den Wein darübergießen. Die Zwiebel schälen und grob hacken. Die gelbe Rübe schälen und in Scheiben schneiden. Den Sellerie waschen und in Scheiben schneiden. Alles mit dem Lorbeerblatt und den schwarzen Pfefferkörnern zum Fleisch geben und zugedeckt 24 Stunden im Kühlschrank marinieren, in der Zeit zwei- bis dreimal wenden.

Das Fleisch aus der Marinade heben und trocken tupfen. Die Marinade durch ein feines Sieb in einen Topf gießen, das Gemüse ausdrücken und beiseitestellen. Die Marinade bei starker Hitze 20 Minuten einkochen lassen.

Das Fleisch rundherum salzen. Den Speck klein würfeln. Einen Schmortopf erhitzen, Öl und Speck hineingeben und 2–3 Minuten anbraten. Den Rindsbraten einlegen und rundherum anbraten. Das Gemüse dazugeben und den eingekochten Wein angießen. Den Braten zugedeckt bei schwacher Hitze in etwa 2 Stunden weich schmoren, dabei zweimal wenden.

Inzwischen für die Knödel die Semmeln würfeln. Die Butter in einer Pfanne zerlassen und die Semmelwürfel darin von allen Seiten knusprig braten. Das Mehl in eine Schüssel sieben, die Eier, einen Teelöffel Salz und etwa 125 Milliliter Wasser unterschlagen, sodass ein fester Teig entsteht. Die gerösteten Semmelwürfel untermischen und die Masse 15 Minuten zugedeckt ruhen lassen. Dann in einem großen Topf Wasser aufkochen und salzen. Aus dem Teig mit angefeuchteten Händen zwei längliche Knödel formen, ins kochende Salzwasser geben und etwa 30 Minuten garen, dabei nach der Hälfte der Zeit umdrehen.

Den Braten herausnehmen und zugedeckt 10 Minuten ruhen lassen. Das Mehl in einer Tasse mit drei Esslöffeln kaltem Wasser anrühren, mit dem Schneebesen unter die kochende Sauce mischen und diese noch 2–3 Minuten kochen lassen, bis sie bindet. Mit Salz und Pfeffer abschmecken.

Den Braten quer zur Faser in Scheiben schneiden, in die Sauce legen und 3 Minuten zugedeckt durchziehen lassen. Die Knödel aus dem Wasser heben und in fingerdicke Scheiben schneiden. Mit Braten und Sauce auf vorgewärmten Tellern anrichten. Dazu schmeckt ein kräftiger Rotwein (idealerweise der, den Sie auch für den Braten verwendet haben.)

Tafelspitz mit Apfelkren, Schnittlauchsauce und Rösterdäpfeln

Gekochtes Rindfleisch erfreut sich in Österreich überaus großer Beliebtheit, ein saftig-zartes Stück Tafelspitz ist der Gipfel der Genüsse.

ZUBEREITUNG: ETWA 3 STUNDEN
FÜR 6 PERSONEN

Zutaten

Für den Tafelspitz

1 kg Rindsknochen | 1,5 kg Tafelspitz
1 Zwiebel | 1 TL schwarze Pfefferkörner
3–4 gelbe Rüben | 2 Petersilienwurzeln
1–2 Stangen Porree | 1 Stück Sellerieknolle | grobes Meersalz | Schnittlauchröllchen | Pfeffer

Für den Apfelkren

2 säuerliche Äpfel (z. B. Boskop)
4 EL Zitronensaft | 1 TL Zucker
40 g Krenwurzen, frisch gerieben
1 EL neutrales Pflanzenöl | Salz

Für die Schnittlauchsauce

2 altbackene Semmeln | 125 ml Milch
2 hart gekochte Eier | 3 EL neutrales Pflanzenöl | 3–4 EL Weißweinessig | Salz
Zucker | weißer Pfeffer | 2 EL Schnittlauchröllchen

Für die Rösterdäpfel

1 kg speckige Erdäpfel
2 EL Butterschmalz
(oder neutrales Pflanzenöl)
Salz | Muskatnuss, frisch gerieben

Die Knochen abwaschen, in einem Suppentopf mit fünf Liter Wasser zum Kochen bringen. Den Tafelspitz waschen, von Häutchen und Sehnen befreien, die Fettschicht aber belassen. Sobald das Wasser kocht, den Tafelspitz einlegen. Die Zwiebel halbieren, anrösten (siehe Seite 18) und mit den Pfefferkörnern hinzufügen. Wieder aufkochen lassen und den aufsteigenden Schaum abschöpfen. Die Hitze reduzieren und das Fleisch bei schwacher Hitze 2 ½ Stunden offen garen. Dann das Gemüse putzen, dazugeben und den Tafelspitz etwa 30 Minuten weitergaren, bis er sich weich eindrücken lässt.

Inzwischen für den Apfelkren die Äpfel schälen, vom Kerngehäuse befreien und grob raspeln. Sofort mit dem Zitronensaft und dem Zucker vermischen. Den frisch geriebenen Kren und das Öl unterrühren und mit Salz abschmecken.

Für die Schnittlauchsauce die Semmeln entrinden, würfeln und in der Milch einweichen. Gut ausdrücken und mit den Eidottern (Eiklar anderweitig verwenden) im Mixer pürieren. Erst das Öl, dann den Essig untermixen. Mit Salz, Zucker und weißem Pfeffer abschmecken und die Schnittlauchröllchen unterziehen.

Für die Rösterdäpfel die Erdäpfel waschen, in einem Topf in Wasser in etwa 20 Minuten weich kochen, abgießen, ausdampfen lassen, noch warm schälen und grob raspeln. In einer großen Pfanne das Schmalz zerlassen, die Erdäpfel hineingeben und unter regelmäßigem Wenden goldbraun und knusprig braten. Mit Salz und frisch geriebener Muskatnuss würzen.

Zum Servieren den Tafelspitz quer zur Faser in Scheiben schneiden, auf vorgewärmten Tellern anrichten und mit grobem Meersalz bestreuen. Ein wenig Suppe daraufschöpfen, sodass das Fleisch gerade eben befeuchtet ist. Mit Schnittlauch oder schwarzem Pfeffer aus der Mühle bestreuen und die Beilagen separat dazu reichen.

Schweinsbraten mit Serviettenknödel

Saftiges Fleisch mit rescher Kruste – ein Sonntagsessen für die Freunde deftiger Genüsse.

ZUBEREITUNG: 2 STUNDEN
FÜR 6 PERSONEN

Zutaten

Für den Schweinsbraten

1,2 kg Schweinsbraten
(aus der Schulter, mit Schwarte)
2 Knoblauchzehen | 1 TL Kümmel
½ TL getrockneter Majoran | Salz
1 gelbe Rübe | 1 Stück Sellerieknolle
1 Petersilienwurzel | 2 Zwiebeln
400 ml Bier

Für den Serviettenknödel

8 altbackene Semmeln | 4 Eier
400 ml Milch
Salz | 1 kleine Zwiebel | 2 EL Butter
1 EL gehackter Petersil

Den Backofen auf 220 °C vorheizen. Das Fleisch trocken tupfen. Die Schwarte mit einem scharfen Messer rautenförmig einschneiden. Den Knoblauch schälen und mit dem Kümmel und Majoran fein hacken. Den Braten salzen und mit der Mischung einreiben. Mit der Schwarte nach unten in ein Reindl legen, 125 Milliliter heißes Wasser angießen und 15 Minuten im Ofen garen.

Inzwischen das Gemüse putzen und die Zwiebeln schälen, alles grob würfeln. Den Braten wenden und die vorbereiteten Zutaten darum herum verteilen. Den Schweinsbraten etwa 1 ½ Stunden braten, dabei die Kruste immer mal wieder mit etwas Bier begießen.

Inzwischen für den Knödel die Semmeln in feine Scheiben schneiden. Die Eier, die Milch und einen Teelöffel Salz verquirlen, darübergießen und 20 Minuten einweichen. Inzwischen die Zwiebel schälen, sehr fein hacken und in der Butter anschwitzen. Den Petersil unterrühren. Zu den Semmeln geben und alles gut verkneten. In einem großen länglichen Topf Wasser aufkochen und salzen. Die Knödelmasse auf einer angefeuchteten Serviette (oder einem Stoffküchentuch) zu einer festen Rolle von etwa sechs Zentimeter Durchmesser formen, locker aufrollen (der Knödel geht ein wenig auf!) und an den Enden zubinden. Ins kochende Wasser legen, die Hitze reduzieren und den Serviettenknödel in etwa 45 Minuten bei schwacher Hitze gar ziehen lassen.

Den Schweinsbraten herausnehmen und zugedeckt 10 Minuten ruhen lassen. Die Sauce nach Belieben durch ein feines Sieb abgießen oder das Gemüse in der Sauce mit dem Pürierstab zerkleinern. Den Braten in Scheiben schneiden.

Den Knödel herausheben, auswickeln und mit einem Bindfaden in Scheiben schneiden. Mit Braten und Sauce servieren. Dazu passt Bier.

▌**TIPP:** *Falls Sie Waschpulver und/oder Weichspüler mit Duftstoffen verwenden, waschen Sie die Serviette oder das Tuch, in das Sie den Knödel wickeln, vorher gründlich mit klarem Wasser aus!*

▌**VARIANTE:** *In Österreich liebt man auch diesen aus Italien stammenden Schweinsbraten: Ein Stück Bratenfleisch ohne Schwarte mit* **Knoblauch***, gehacktem* **Rosmarin***, abgeriebener unbehandelter* **Zitronenschale** *und* **Olivenöl** *einreiben. Beim Braten Zwiebeln, Rosmarin- und Thymianzweige mit ins Reindl legen und statt Bier trockenen Weißwein zum Begießen nehmen.*

Feine Festtagsküche

Gebackenes Lamm

Je jünger und zarter das Lammfleisch, desto feiner Ihr Essen!

ZUBEREITUNG: 45 MINUTEN
FÜR 4 PERSONEN

Zutaten

800 g Lammfleisch
(ausgelöste Schulter, Brust oder Hals)
100 g Semmelbrösel
4 EL Mehl | 2 Eier | 2 EL Milch
3 Zweige frischer Rosmarin
Salz | Pfeffer
neutrales Öl zum Ausbacken
2 Knoblauchzehen | 2 Zitronen

Das Fleisch waschen, trocken tupfen und in zwölf Stücke teilen. Die Brösel auf einen, das Mehl auf einen zweiten Teller geben. Die Eier in einem tiefen Teller mit der Milch verquirlen. Den Rosmarin waschen, trocken schütteln und fein hacken.

Die Fleischstücke mit Salz, Pfeffer und Rosmarin würzen. Zuerst im Mehl wenden und den Überschuss abklopfen, dann durch das verquirlte Ei ziehen und schließlich in den Semmelbröseln wenden. Die Panade sanft andrücken.

In einer Pfanne einen Zentimeter hoch Öl erhitzen. Die Knoblauchzehen ungeschält zerdrücken und dazugeben. Die panierten Lammstücke im heißen Öl in zwei Portionen von jeder Seite in 4–5 Minuten goldbraun ausbacken. Herausheben, auf Küchenpapier abtropfen lassen und im Backofen bei 70 °C warm halten, bis alles fertig ist. Die Zitronen halbieren und zum Beträufeln zum Lamm servieren. Dazu schmeckt Erdäpfelsalat (siehe Seite 85).

Lammkarree mit Kürbiskernkruste

Sie erwarten einen besonderen Gast, der gerne Lamm isst? Er wird begeistert sein!

ZUBEREITUNG: 45 MINUTEN
FÜR 2 PERSONEN

Zutaten

50 g Kürbiskerne
2 große Lammkarrees
(je 4 Rippen, etwa 250 g)
Salz | Pfeffer | 2 EL neutrales Pflanzenöl
1 Bund Petersil | 1 Knoblauchzehe
1 Eiklar | 2 EL Semmelbrösel
1 TL abgeriebene unbehandelte
Zitronenschale

Die Kürbiskerne in einer kleinen Pfanne rösten, abkühlen lassen. Den Backofen auf 220 °C vorheizen. Die Lammkarrees von der Fettschicht befreien, waschen und abtrocknen. Salzen und pfeffern und im Öl in einer Pfanne rundherum anbraten. Herausnehmen und lauwarm abkühlen lassen.

Die gerösteten Kürbiskerne grob hacken. Den Petersil waschen und trocken schütteln, die Blätter fein schneiden. Den Knoblauch schälen und fein hacken. Das Eiklar zu Schnee schlagen. Kürbiskerne, Semmelbrösel, Petersil, Knoblauch und Zitronenschale unterrühren, mit Salz und Pfeffer abschmecken.

Die Fleischstücke in eine ofenfeste Form setzen, mit Küchenpapier abtupfen, die Kürbiskernmasse darauf verteilen und mit den Händen gut andrücken. Den Backofengrill zuschalten und die Lammkarrees im Ofen (Mitte) in 8–10 Minuten goldbraun überkrusten. Die Fleischstücke teilen und mit Rösterdäpfeln (siehe Seite 97) und Vogerlsalat (siehe Seite 77) servieren. Dazu schmeckt ein kräftiger Rotwein.

Rehrückenfilet mit Erdäpfel-Sellerie-Püree

Sanft gegart zeigt sich das Wild von seiner zartesten Seite – ein Hoch der neuen österreichischen Küche!

ZUBEREITUNG: 45 MINUTEN
FÜR 4 PERSONEN

Zutaten

Für das Rehrückenfilet

je 10 Wacholderbeeren und
schwarze Pfefferkörner
1 TL getrockneter Thymian | Salz
600 g Rehrückenfilet
2 EL neutrales Pflanzenöl
1 EL Mehl | 1 EL Butter
250 ml Wildfond (aus dem Glas)
2 EL Ribiselmarmelade

Für das Erdäpfel-Sellerie-Püree

500 g mehlige Erdäpfel
1 kleine Knolle Sellerie (etwa 500 g)
Salz | etwa 150 ml Milch | 40 g Butter
Muskatnuss, frisch gerieben

Den Backofen auf 120 °C vorheizen. Die Wacholderbeeren mit den Pfefferkörnern, dem Thymian und ¼ Teelöffel Salz im Mörser fein zerstoßen. Das Fleisch kalt abwaschen, trocken tupfen und mit der Würzmischung einreiben. Eine Pfanne erhitzen, das Öl hineingeben und das Rehrückenfilet darin rundherum 2–3 Minuten bei mittlerer Hitze anbraten. In eine ofenfeste Form legen und etwa 45 Minuten im Backofen garen. Die Pfanne nicht auswaschen. Mehl und Butter verkneten und kalt stellen.

Inzwischen die Erdäpfel und den Sellerie schälen und in Würfel schneiden. In einen Topf geben, mit Wasser bedecken, einen Teelöffel Salz hinzufügen und in etwa 15 Minuten weich kochen. In ein Sieb abgießen, abtropfen und ausdampfen lassen. Zurück in den Topf geben und mit dem Erdäpfelstampfer nach Wunsch fein oder etwas gröber zerdrücken.

Die Milch erhitzen. Die Erdäpfel-Sellerie-Masse bei schwacher Hitze erwärmen und nach und nach so viel von der heißen Milch unterziehen, dass ein luftiges Püree entsteht. Die Butter in Flöckchen unterrühren und mit Salz und frisch geriebener Muskatnuss abschmecken. Zugedeckt warm halten.

Die Pfanne mit dem Bratensatz wieder erhitzen. Mit dem Wildfond ablöschen und diesen 5 Minuten bei hoher Temperatur einkochen lassen. Die Ribiselmarmelade einrühren. Die Mehlbutter in Flöckchen unter die Sauce arbeiten und diese einige Minuten einkochen lassen, bis sie bindet.

Das Rehrückenfilet aus dem Ofen nehmen und kurz ruhen lassen. Dann schräg in Scheiben schneiden, mit dem Erdäpfel-Sellerie-Püree und der Sauce auf vorgewärmten Tellern anrichten. Dazu passt ein guter Zweigelt.

Feine Festtagsküche

Martinigansl mit Maroni-Blaukraut

Hier ein herbstlicher Festtagsbraten für die ganze Familie oder eine gesellige Freundesrunde.

ZUBEREITUNG: 3 ½ STUNDEN
FÜR 6 PERSONEN

Zutaten

Für die Gans

1 frische Gans (etwa 4 kg) | Salz | Pfeffer
2 Zwiebeln | 2 säuerliche Äpfel
2 Zweige Beifuß
400 ml Gänsefond (aus dem Glas; ersatzweise Geflügelbrühe)

Für das Maroni-Blaukraut

1 Kopf Blaukraut (etwa 1 kg) | Salz
4 EL Rotweinessig | 1 Zwiebel
3 EL Butterschmalz | 250 ml Ribiselsaft
1 Lorbeerblatt | 4 Gewürznelken
250 g gegarte Maroni (vakuumverpackt)
2 EL Zucker

Den Backofen auf 200 °C vorheizen. Die Gans innen und außen waschen und abtrocknen. Flügelspitzen, Hals, Bürzel und alles sichtbare Fett im Innern entfernen. Innen und außen kräftig salzen und pfeffern. Zwiebeln und Äpfel schälen, vierteln; Äpfel vom Kerngehäuse befreien und beides mit dem Beifuß in den Gänsebauch stecken.

Die Gans mit der Brustseite nach unten in das Reindl legen. Mit einer Nadel unter den Flügeln und Keulen einstechen, damit das Fett gut herausbraten kann. Zwei Zentimeter hoch heißes Wasser angießen und die Gans für etwa 1 ½ Stunden in den Ofen (unteres Drittel) schieben. Wenn das Wasser eingekocht ist, nach und nach den Gänsefond angießen.

Die Gans umdrehen, den Hals und die Flügelspitzen mit ins Reindl geben und das Geflügel in weiteren 1 ½ Stunden braun braten, dabei regelmäßig mit dem Bratensaft begießen.

Inzwischen den Kopf Blaukraut vierteln und den Strunk entfernen. Das Kraut hobeln oder in feine Streifen schneiden, in eine Schüssel geben und einen Teelöffel Salz sowie den Essig unterkneten. Die Zwiebel schälen und hacken. Einen Esslöffel Butterschmalz in einem Topf erhitzen. Die Zwiebel darin anschwitzen, dann das Kraut dazugeben und ein paar Minuten unter Rühren anbraten. Mit dem Ribiselsaft ablöschen. Lorbeer und Nelken dazugeben und alles etwa 45 Minuten schmoren lassen, gelegentlich umrühren.

Das übrige Butterschmalz mit dem Zucker in einer Pfanne schmelzen. Die Maroni dazugeben, salzen und einige Minuten karamellisieren lassen. Kurz vor dem Servieren unter das Blaukraut mischen.

Wenn sich die Gans leicht anstechen lässt und dabei klarer Fleischsaft austritt, ist sie fertig, sonst bis zu 30 Minuten länger braten. Den Vogel herausheben und 10 Minuten ruhen lassen. Vom Bratfond einen Teil des Fetts abschöpfen, bei Bedarf noch ein wenig Gänsefond aus dem Glas oder Wasser angießen und die Flüssigkeit aufkochen lassen. Das Mehl in einer Tasse mit drei Esslöffeln kaltem Wasser mischen, einrühren und die Sauce kochen lassen, bis sie bindet. Mit Salz und Pfeffer abschmecken.

Die Gans tranchieren und mit Maroni-Blaukraut und Sauce servieren. Dazu passen böhmische Knödel (siehe Seite 95).

Mehlspeisen

Bei Kindern könnten sie jeden Tag auf den Tisch kommen: Palatschinken und Kaiserschmarrn, gefüllte Buchteln, Täschchen und Knödel. Aber viele Menschen hegen diese *Vorliebe für Süßes* auch im Erwachsenenalter. Die österreichische Küche bietet dazu eine derartige Fülle an wunderbaren Rezepten, dass es eine Wonne ist! Klar, über die Kalorien sollte man besser nicht nachdenken. Aber ab und an sind sie sicher drin, die *süßen Verführer zum Sattessen.*

Süßes zum Sattessen

Fein gefüllte Palatschinken, locker aufgegangener, goldbrauner Kaiserschmarrn, dampfende Marillenknödel, in Butterbröseln gewälzt – für *diese Köstlichkeiten* lässt so mancher den besten Braten stehen.

Ursprünglich waren Mehlspeisen das typische Armeleuteessen. Fleisch gab's nur an Sonn- und Feiertagen, während der Woche war Sparsamkeit angesagt. Mehl, Zucker, Eier und Schmalz konnte man zu fast allen Zeiten preiswert bekommen; Kartoffeln, Topfen und Obst ebenso. So haben sich die Köche und Hausfrauen etwas einfallen lassen und aus wenigen Grundzutaten eine breite Auswahl an Mehlspeisen hervorgebracht, die auf der Welt ihresgleichen sucht. In Österreich isst man sie bis heute gerne als süßes Hauptgericht und mit einer Suppe oder einem Salat vorweg ist damit wirklich jedermann auf angenehme Weise gesättigt.

Thema mit Variationen

In Wien finden sich Lokale, die Palatschinken in Dutzenden von Varianten anbieten. Die Palette der Füllungen ist groß. Marmelade und süße Cremes sind die Klassiker, Früchte, Nüsse und allerlei Liköre kommen mit ins Spiel, wenn Bekanntes verfeinert und abgewandelt werden soll. Man kann mehrere – zwei oder drei davon – als Hauptgericht oder einen einzelnen, sozusagen als Dessert zum Kaffee, bestellen. Und so, als letzten Gang des Menüs, serviere ich sie meist auch meinen Gästen. Wobei ich für süße Leckermäuler immer noch ein paar mehr in petto habe.

Für den Teig nehme ich zu Mehl, Eiern, Milch und Zucker einen zusätzlichen Eidotter. Dadurch bekommen die Palatschinken eine besonders schöne Farbe. Nach dem Verrühren muss der Teig ein wenig ruhen, damit das Mehl quellen kann und sich die Zutaten gut verbinden. Diesen Schritt sollte man nicht auslassen! In der Zwischenzeit lässt sich die Füllung vorbereiten. Zum Ausbacken eignen sich am besten Butter oder Butterschmalz – die geben das beste Aroma. Wichtig ist auch, dass Sie die Hitze gut regulieren und die dünnen Pfannkuchen nicht zu heiß ausbacken.

Kaiserschmarrn und Co.

An Variationsmöglichkeiten steht der Schmarrn den Palatschinken kaum nach: Ob Klassiker oder karamellisierte Variante, ob mit Sauce oder Röster serviert – schmecken tun sie alle einfach unvergleichlich. Daneben gibt es noch Schmarrn aus Grieß, Topfen und sogar aus altbackenen Kipferln oder Semmeln – einem echten Schmarrnliebhaber wird es so schnell nicht langweilig!

Ein guter Kaiserschmarrn muss goldbraune, locker aufgegangene Stücke aufweisen, die sich im Mund weich und fluffig anfühlen. Dafür sorgt Eischnee, der kurz(!) vor dem Ausbacken mit einem Teigspatel (kein Schneebesen!) unter den

Teig gehoben wird. Die Luft soll im Teig eingeschlossen bleiben, deshalb nicht lange rühren! Die schaumige Masse backt man erst in der Pfanne und dann, nach dem Wenden, einige Minuten im Backofen. Schließlich reißt man den Pfannkuchen mit zwei Gabeln in hübsche, nicht zu kleine Stücke. Sie werden sehen, nach zwei, drei Versuchen gelingt der Kaiserschmarrn perfekt! Nun nur noch mit Staubzucker überpudern und sofort heiß servieren.

Apropos Staubzucker: Ohne ihn geht gar nichts in der österreichischen Mehlspeisenküche, und das ist auch gut so! Die Gerichte selbst sind nämlich alle nur mäßig gesüßt. Wenn sie dann vor dem Servieren mit Staubzucker überpudert werden, können sich süße Naschkatzen eine Extraportion davon geben lassen.

Knödel, Nudeln und Tascherl

Ob man sich für Topfen- oder Erdäpfelteig entscheidet, ist Geschmackssache – beide haben ihre Liebhaber (und die Teige sind bei vielen Rezepten austauschbar). Ich hatte schon als Kind eine Vorliebe für Erdäpfelteig, vermutlich weil ich meiner Mutter und meiner Oma beim Fingernudeln- und Zwetschkenknödelmachen immer »helfen« durfte. Wichtig ist dabei nur, wirklich stärkereiche, mehlige Erdäpfel zu verwenden. Bei wasserhaltigeren Sorten benötigt man mehr Mehl, das dann unter Umständen unangenehm vorschmeckt. Aus dem gleichen Grund sollte der Topfen für den Teig gut ausgedrückt werden, damit er so trocken wie möglich ist.

Keine Angst vor Germteig

Germknödel und Buchteln (und die Rohrnudeln im nächsten Kapitel, siehe Seite 167) sind meine Favoriten unter den Mehlspeisen. Sie haben noch nie einen Germteig gemacht? Keine Sorge, er gelingt ganz leicht! Vor dem Start sollte man für eine warme, zugluftfreie Umgebung sorgen, denn Germteig mag es warm. Dann setzt man aus Germ, warmer Milch und ein wenig Zucker das Dampfl an, schlägt den Teig später kräftig mit einem Holzkochlöffel und lässt ihm Zeit und Ruhe zum Gehen. Wenn Sie genau nach den Rezepten vorgehen, kann nichts passieren. Germ sorgt übrigens für eine ausgeglichene Darmflora, ist also sehr gesund.

Die kleinen Feinen zum Dessert

Da süße Hauptgerichte heute nicht mehr so regelmäßig serviert werden und manch einer doch lieber etwas Herzhaftes zum Essen mag, findet man in diesem Kapitel auch ein paar moderne Varianten, die sich gut als Dessert eignen: Topfensoufflé, Mohr im Hemd, Mandelkoch und Salzburger Nockerln gehören dazu. Aber auch Kaiserschmarrn, Palatschinken, Marillenknödel und die Strudel aus dem nächsten Kapitel (siehe Seiten 156–164) munden, in kleinen Portionen serviert, hervorragend als krönender Abschluss eines österreichischen Menüs.

Zwetschkenknödel aus Erdäpfelteig, in gerösteten Haselnüssen gewendet und mit Zimt verfeinert – ein Fest für alle süßen Leckermäuler.

Mehlspeisen

Topfenpalatschinken

Ein Fest für alle Mehlspeisentiger, wie man in Österreich die Liebhaber süßer Gerichte zum Sattessen nennt.

ZUBEREITUNG: 1 STUNDE
BACKEN: 30 MINUTEN
FÜR 4–6 PERSONEN

Zutaten

Für den Teig

200 g Mehl | 60 g Zucker | Salz
3 Eier | 1 Eidotter | 400 ml Milch
etwa 60 g Butterschmalz

Für Füllung und Belag

2–3 EL Rosinen | 2 EL Rum
3 Eier | 60 g weiche Butter
3 EL Zucker | Salz | 1 Vanilleschote
abgeriebene Schale von
1 unbehandelten Zitrone
250 g Topfen | 200 g Sauerrahm

Außerdem

Butter für die Form
200 g Obers | 1 EL Zucker | 2 Eier
Staubzucker nach Belieben

Aus Mehl, Zucker, einer Prise Salz, Eiern, Eidotter und Milch einen dünnen Teig herstellen und diesen 20 Minuten zugedeckt quellen lassen.

Inzwischen für die Füllung die Rosinen im Rum einweichen. Die Eier trennen. Die Butter mit zwei Esslöffeln Zucker, den Eidottern und einer Prise Salz schaumig aufschlagen. Das ausgekratzte Mark der Vanilleschote und die Zitronenschale dazugeben. Den Topfen mit dem Sauerrahm und den Rumrosinen gut verrühren und untermengen. Die Eiklar mit dem übrigen Zucker zu Schnee schlagen, sorgfältig unterheben und beiseitestellen.

Einen knappen Teelöffel Butterschmalz in einer Pfanne erhitzen. Eine kleine Kelle Teig hineingeben und die Pfanne so schwenken, dass sich der Teig gleichmäßig darin verteilt. Den Palatschinken bei mittlerer Hitze 1–2 Minuten backen, bis der Rand zu bräunen beginnt. Dann wenden (entweder mittels eines Pfannenwenders oder mit mutigem Schwung in der Luft) und auf der anderen Seite fertig backen. Auf einen Teller gleiten lassen, die nächsten Palatschinken backen und daraufstapeln.

Den Backofen auf 180 °C vorheizen, eine oder zwei große längliche Auflaufformen (in der Breite eines aufgerollten Palatschinkens) großzügig ausbuttern. Die Palatschinken mit der Topfencreme bestreichen, aufrollen und dicht an dicht in die Form legen. Etwa 15 Minuten im Ofen backen.

Zum Überbacken das Obers, den Zucker und die Eier verquirlen, über die Topfenpalatschinken gießen und 10–15 Minuten backen, bis die Oberfläche goldgelb ist. Wer mag, kann vor dem Servieren noch Staubzucker darüberpudern.

Mehlspeisen

Palatschinken mit Powidl und Mohn

Die kleinen Palatschinken entsprechen einer halben Dessertportion. Vielleicht bieten Sie ja einen zweiten mit anderer Füllung an?

ZUBEREITUNG: 45 MINUTEN
ERGIBT 8–12 STÜCK

Zutaten

Für den Teig

200 g Mehl | 60 g Zucker | Salz
3 Eier | 1 Eidotter | 400 ml Milch
etwa 60 g Butterschmalz

Für Füllung und Belag

4 Esslöffel Mohnsamen | 2 EL Butter
etwa 200 g Powidl (siehe Seite 151)
2 EL Zwetschkenwasser (nach Belieben)
2–3 EL Staubzucker

Aus Mehl, Zucker, einer Prise Salz, Eiern, Eidotter und Milch wie auf Seite 110 beschrieben einen dünnen Teig herstellen, 20 Minuten zugedeckt quellen lassen.

Inzwischen den Mohn mahlen oder im Blitzhacker zerkleinern. Die Butter in einem Pfännchen aufschäumen und den Mohn darin 1–2 Minuten unter Rühren rösten. Beiseitestellen. Den Powidl nach Belieben mit dem Zwetschkenwasser gründlich verrühren.

Jeweils einen knappen Teelöffel Butterschmalz in einer Pfanne erhitzen und aus dem Teig acht große oder zwölf kleine Palatschinken backen. Wenn alle fertig sind, mit je einem Esslöffel Powidl bestreichen, aufrollen und auf Teller geben. Mittig jeweils mit etwas geröstetem Mohn und Staubzucker bestreuen.

Palatschinken mit Birne und Kürbiskernkrokant

Dieses Rezept ist kein Klassiker, sondern eine gästefeine Eigenkreation.

ZUBEREITUNG: 45 MINUTEN
ERGIBT 8–12 STÜCK

Zutaten

Für den Teig

200 g Mehl | 60 g Zucker | Salz | 3 Eier
1 Eidotter | 400 ml Milch
etwa 60 g Butterschmalz

Für Füllung und Belag

4 EL Zucker | 3 EL Kürbiskerne
4 reife Birnen | 4 EL Zitronensaft
2 EL Zucker | 1 Vanilleschote
2–3 EL Birnenlikör (nach Belieben)
2–3 EL Staubzucker

Aus Mehl, Zucker, einer Prise Salz, Eiern, Eidotter und Milch einen dünnen Teig herstellen, 20 Minuten zugedeckt quellen lassen.

Zwei Esslöffel Zucker in der Pfanne zu goldgelbem Karamell schmelzen, die Kürbiskerne unterrühren, auf Backpapier verteilen und abkühlen lassen. Die Birnen vierteln, schälen, vom Kerngehäuse befreien, klein würfeln und mit dem Zitronensaft, dem restlichen Zucker und dem Vanillemark in einem Topf mischen. Aufkochen und in 3–4 Minuten zugedeckt weich dünsten. Nach Belieben den Likör unterrühren, abkühlen lassen.

Aus dem Teig im Butterschmalz acht große oder zwölf kleine Palatschinken backen und mit den abgetropften Birnen füllen. Den Krokant grob hacken, über die Palatschinken streuen und mit Staubzucker bedecken.

Mehlspeisen

Palatschinken mit Maronicreme

Einfach, klassisch – und zum Reinsetzen gut!

ZUBEREITUNG: 45 MINUTEN
ERGIBT 8–12 STÜCK

Zutaten

Für den Teig

200 g Mehl | 60 g Zucker | Salz
3 Eier | 1 Eidotter | 400 ml Milch
etwa 60 g Butterschmalz

Für Füllung und Belag

etwa 200 g Maronireis (siehe Seite 151)
2 EL Rum (nach Belieben)
3–4 EL Staubzucker | 200 g Obers

Aus Mehl, Zucker, einer Prise Salz, Eiern, Eidotter und Milch wie auf Seite 110 beschrieben einen dünnen Teig herstellen, 20 Minuten zugedeckt quellen lassen.

Die Maronimasse mit Rum (oder Obers, siehe unten) verrühren und nach Belieben mit ein wenig Staubzucker nachsüßen. Das (übrige) Obers steif schlagen.

Jeweils einen knappen Teelöffel Butterschmalz in einer Pfanne erhitzen und aus dem Teig acht große oder zwölf kleine Palatschinken backen. Wenn alle fertig sind, jeden mit einem Esslöffel Maronicreme bestreichen, aufrollen und auf Teller geben. Mit dem übrigen Staubzucker bestreuen und mit einem Klecks Schlagobers garnieren.

▌ TIPP: *Wenn Kinder mitessen, dann lassen Sie den Rum weg und rühren den Maronireis mit zwei Esslöffeln Obers cremig.*

Schoko-Nuss-Palatschinken

Herbe dunkle Schokolade und geröstete Nüsse – eine edle Füllung für alle diejenigen, die es nicht ganz so süß lieben.

ZUBEREITUNG: 45 MINUTEN
FÜR 8–12 STÜCK

Zutaten

Für den Teig

200 g Mehl | 60 g Zucker | Salz
3 Eier | 1 Eidotter | 400 ml Milch
etwa 60 g Butterschmalz

Für Füllung und Belag

80 g Haselnüsse | 100 g Obers
1 Vanilleschote | 80 g Schokolade
(mind. 70 % Kakaoanteil)
2–3 EL Staubzucker

Aus Mehl, Zucker, einer Prise Salz, Eiern, Eidotter und Milch wie auf Seite 110 beschrieben einen dünnen Teig herstellen, 20 Minuten zugedeckt quellen lassen.

Inzwischen die Haselnüsse bei mittlerer Hitze in einer Pfanne rösten, bis sie duften. Abkühlen lassen, die Häutchen abreiben und die Nüsse nicht zu fein hacken. Obers in einem Topf erwärmen, die Vanilleschote längs aufschneiden, das Mark herauskratzen und dazugeben. Die Schokolade hacken, unterrühren und darin schmelzen. Lauwarm abkühlen lassen.

Aus dem Teig im Butterschmalz acht große oder zwölf kleine Palatschinken backen. Wenn alle fertig sind, jeden dünn mit Schokoladencreme bestreichen, mit gehackten Nüssen bestreuen und aufrollen. Mit Staubzucker bestreut servieren. Dazu schmeckt – wie zu allen Palatschinken – Schlagobers und Kaffee.

Mehlspeisen

Marillenknödel

Aromatische Marillen aus der Wachau sind die beste Wahl für diese sommerliche Mehlspeise.

ZUBEREITUNG: 50 MINUTEN
FÜR 3–4 PERSONEN

Zutaten

Für den Teig

350 g Topfen | Salz
2 Eidotter | 220–250 g Mehl

Außerdem

8 Marillen | 8 Stückchen Würfelzucker
80 g Butter | 80 g Semmelbrösel
Staubzucker | gemahlener Zimt

Den Topfen mit einer Prise Salz und den Eidottern verrühren und mit so viel Mehl verkneten, dass ein glatter Teig entsteht. Die genaue Mehlmenge hängt von der Feuchtigkeit des Topfens ab.

Die Marillen waschen und abtrocknen, den Stein mit einem Kochlöffelstiel herausdrücken und durch ein Zuckerstückchen ersetzen. Den Teig in acht gleiche Stücke teilen und zu Kugeln formen. Auf der bemehlten Arbeitsfläche drei bis vier Millimeter dick ausrollen, sodass etwa zwölf Zentimeter große Kreise entstehen. Jeweils eine gefüllte Marille daraufgeben, den Teig darüberfalten und zu Knödeln formen.

In einem großen Topf Wasser aufkochen, salzen und die Knödel darin bei schwacher Hitze in 10–12 Minuten gar ziehen lassen, bis sie an der Wasseroberfläche schwimmen.

Die Butter in einer großen Pfanne schmelzen und die Brösel darin goldbraun anrösten. Die Marillenknödel mit einem Schaumlöffel aus dem Wasser heben, kurz abtropfen lassen und in den Butterbröseln wälzen. Je zwei Knödel auf einen Teller geben und mit Staubzucker sowie einer Prise Zimt bestreuen.

▍ TIPP: *Am besten schmecken die Knödel, wenn die Marillen richtig reif sind. Dann lassen sie sich prima mit einem Kochlöffelstiel entsteinen: Einfach am Stielansatz der Marille ansetzen und durchdrücken. Sind die Marillen dazu zu fest, schneiden Sie sie zum Entsteinen längs ein und ersetzen den Kern durch das Zuckerstückchen.*

▍ VARIANTE: *Statt mit Zucker können Sie die Marillen auch mit Marzipan füllen.*

Zwetschkenknödel

Der Erdäpfelteig hier eignet sich natürlich ebenso gut für die Marillenknödel von Seite 116 wie umgekehrt der dort beschriebene Topfenteig für die Zwetschkenknödel.

ZUBEREITUNG: 1 ¼ STUNDEN
FÜR 4–6 PERSONEN

Zutaten

Für den Teig

500 g mehlige Erdäpfel
140 g griffiges Mehl
40 g Weichweizengrieß
20 g weiche Butter
1 Ei | 1 Eidotter | Salz

Für die Füllung

12 reife Zwetschken
12 Stückchen Würfelzucker
1 unbehandelte Orange

Außerdem

100 g Haselnüsse
1 Päckchen Vanillezucker
2 EL Butter | ½ TL gemahlener Zimt
Staubzucker

Die Erdäpfel waschen und mit Wasser bedeckt in etwa 25 Minuten weich kochen, abgießen und vollständig auskühlen lassen. Dann schälen und durch die Erdäpfelpresse drücken.

Das Mehl auf die Arbeitsfläche geben. Grieß und durchgedrückte Erdäpfel, Butter, Ei, Eidotter und eine Prise Salz dazugeben und zu einem glatten Teig verkneten. Den Teig zu einer Rolle formen und in zwölf Stücke teilen.

Die Zwetschken waschen, abtrocknen und so zum Entsteinen längs aufschneiden, dass die beiden Hälften noch gut zusammenhalten. Die Orange heiß abwaschen und abtrocknen. Die Zuckerstückchen an allen Seiten kräftig über die Schale reiben, damit das feine Schalenaroma gut daran haftet. Die Zwetschkenkerne durch die Zuckerstückchen ersetzen und die Zwetschkenhälften gut zusammendrücken.

Jedes Teigstück mit den Händen zu einem Kreis flach drücken, eine gefüllte Zwetschke daraufgeben, den Teig darüber verschließen und zu einem runden Knödel formen.

In einem großen Topf Wasser aufkochen, salzen und die Knödel darin bei schwacher Hitze in 10–12 Minuten gar ziehen lassen, bis sie an der Oberfläche schwimmen.

Die Haselnüsse mit dem Vanillezucker im Blitzhacker fein zerkleinern. Die Butter in einer großen Pfanne schmelzen. Die Nussmischung darin anrösten und den Zimt unterrühren. Die Zwetschkenknödel mit einem Schaumlöffel aus dem Wasser heben, kurz abtropfen lassen und darin wälzen. Je nach Appetit zwei oder drei Knödel auf einen Teller geben und mit Staubzucker bestreuen.

▎ VARIANTE: *Statt Haselnüssen können Sie auch Walnüsse nehmen.*

Mehlspeisen

Mohnnudeln

Fingernudeln habe ich schon als Kind geliebt, und daran hat sich bis heute nichts geändert!

ZUBEREITUNG: 1 ¼ STUNDEN
FÜR 4 PERSONEN

Zutaten

Für den Teig

500 g mehlige Erdäpfel
150 g griffiges Mehl
40 g weiche Butter | 1 Ei | Salz

Außerdem

50 g Butter | 100 g gemahlener Mohn
50 g Staubzucker

Die Erdäpfel waschen und mit Wasser bedeckt in etwa 25 Minuten weich kochen, abgießen und vollständig auskühlen lassen. Dann schälen und durch die Erdäpfelpresse drücken.

Das Mehl auf die Arbeitsfläche geben. Die Erdäpfel, die Butter, das Ei und eine Prise Salz dazugeben und zu einem glatten Teig verkneten. Den Teig zu einer Rolle formen und in kleine Stücke schneiden. Die Stückchen bemehlen und mit den Händen zu kleinfingergroßen Nudeln rollen. In einem großen Topf Wasser aufkochen, salzen und die Nudeln darin etwa 2 Minuten garen. Mit einem Schaumlöffel herausheben und kurz abtropfen lassen.

Die Butter in einer großen Pfanne zerlassen und die Nudeln darin in 4–5 Minuten von allen Seiten goldbraun braten. Mohn und Staubzucker mischen und die Fingernudeln darin wälzen. Heiß mit Zwetschkenröster (siehe Seite 149) servieren.

▎VARIANTE: *Sie können die Erdäpfelnudeln auch einfach in Butter goldbraun gebraten mit Apfelmus servieren.*

Topfenknödel mit Walnussbröseln

Für dieses Rezept lohnt es sich sogar, Semmeln alt werden zu lassen …

ZUBEREITUNG: 30 MINUTEN
RUHEN: 30 MINUTEN
FÜR 4 PERSONEN

Zutaten

Für den Teig

100 g Topfen | 3 altbackene Semmeln
2 EL weiche Butter | 1 Ei
1 Eidotter | 4 EL Obers | Salz
3 EL Mehl | 3 EL Weichweizengrieß

Außerdem

2 EL Butter | 100 g geriebene Walnüsse
1 EL Zucker | ¼ TL gemahlener Zimt
Staubzucker nach Belieben

Den Topfen in einem Sieb abtropfen lassen. Die Semmeln entrinden und ganz klein würfeln. In einer Schüssel die Butter mit dem Topfen, dem Ei und Eidotter, dem Obers und einer Prise Salz verrühren. Das Mehl dazusieben und mit dem Grieß unterrühren. Die Semmelwürfel untermischen und die Masse zugedeckt 30 Minuten ruhen lassen.

In einem großen Topf Wasser aufkochen und salzen. Aus der Masse zwölf kleine Knödel formen, einlegen und bei schwacher Hitze in 10–12 Minuten gar ziehen lassen.

Inzwischen die Butter in einer großen Pfanne zerlassen. Walnüsse und Zucker dazugeben und unter Rühren rösten, bis die Nüsse duften. Den Zimt untermischen. Die Knödel aus dem Wasser heben, kurz abtropfen lassen und in der Nussmischung wälzen. Auf Teller verteilen und nach Belieben mit Staubzucker überpudern.

Mehlspeisen

Powidltascherl

Für diese ursprünglich böhmische Spezialität lässt so mancher den feinsten Braten stehen.

ZUBEREITUNG: 1 ¼ STUNDEN
FÜR 4 PERSONEN

Zutaten

Für den Teig

500 g mehlige Erdäpfel
180 g griffiges Mehl
40 g weiche Butter
1 Ei | Salz
Mehl für die Arbeitsfläche

Außerdem

etwa 150 g Powidl
80 g Butter
80 g Semmelbrösel
1 Päckchen Vanillezucker

Die Erdäpfel waschen und mit Wasser bedeckt in etwa 25 Minuten weich kochen. Abkühlen lassen, schälen und durch die Erdäpfelpresse drücken.

Das Mehl auf die Arbeitsfläche geben. Die durchgedrückten Erdäpfel, die Butter, das Ei und eine Prise Salz dazugeben und alles zu einem glatten Teig verkneten.

Den Teig auf der bemehlten Arbeitsfläche vier Millimeter dick ausrollen. Kreise von etwa sieben Zentimeter Durchmesser ausstechen. Jeweils einen knappen Teelöffel Powidl auf eine Kreishälfte geben, den Teig darüberklappen, sodass ein Halbmond entsteht, und die Ränder gut zusammendrücken.

In einem weiten Topf Wasser aufkochen, salzen und die Powidltascherl darin bei schwacher Hitze in 6–8 Minuten gar ziehen lassen, bis sie an die Oberfläche steigen.

Die Butter in einer großen Pfanne zerlassen und die Brösel mit dem Vanillezucker darin goldbraun rösten. Die Powidltascherl mit einem Schaumlöffel aus dem Wasser heben, kurz abtropfen lassen und anschließend in den Butterbröseln wenden. Auf vier Teller verteilen und mit Staubzucker überpudert servieren.

▌ VARIANTE: *Statt Powidl können Sie zum Füllen auch Marillenmarmelade verwenden.*

Germknödel

Viele kennen sie nur aus dem Winterurlaub von der Skihütte, dabei lassen sie sich auch ganz leicht zu Hause selbst zubereiten!

ZUBEREITUNG: 30 MINUTEN
GEHEN: 1 ¼ STUNDEN
ERGIBT 6 STÜCK

Zutaten

Für den Teig

250 g Mehl | 125 ml Milch
15 g frischer Germ | 2 EL Zucker
1 Päckchen Vanillezucker | Salz
40 g flüssige Butter | 2 Eidotter
Mehl zum Verarbeiten

Außerdem

60 g Mohnsamen | 120 g Butter
Staubzucker

Das Mehl in eine große Rührschüssel sieben, in die Mitte eine Mulde drücken. Die Milch lauwarm erhitzen, den Germ und einen Esslöffel Zucker darin auflösen und in die Mulde gießen. Etwas Mehl vom Rand unterrühren und das Dampfl zugedeckt an einem warmen, zugluftfreien Ort 15 Minuten gehen lassen.

Den übrigen Zucker, den Vanillezucker, eine Prise Salz, die zerlassene Butter und die Eidotter hinzufügen und alles gut mit dem Mehl und dem Dampfl verrühren. Den Teig 5 Minuten kräftig mit einem Holzlöffel schlagen, bis er sich vom Schüsselrand löst, glänzt und Blasen wirft. Die entstandene Teigkugel mit etwas Mehl bestauben und zugedeckt etwa 45 Minuten gehen lassen, bis sie ihr Volumen verdoppelt hat.

Den gegangenen Teig kräftig durchkneten, in sechs Stücke teilen und diese zu Kugeln formen. Die Kugeln ein wenig flach drücken und mit etwas Abstand auf die bemehlte Arbeitsfläche legen. Mit einem sauberen Küchentuch abdecken und weitere 15 Minuten gehen lassen.

In zwei weiten Töpfen Wasser aufkochen und leicht salzen. Je drei Germknödel einlegen und zugedeckt 15 Minuten bei schwacher Hitze garen, nach der Hälfte der Zeit umdrehen.

Den Mohn mahlen und in einer kleinen Pfanne leicht anrösten. Die Butter zerlassen. Die Germknödel mit einem Schaumlöffel herausheben und auf Teller geben. Die zerlassene Butter darüberträufeln, mit Mohn bestreuen und mit Staubzucker überpudern.

▌ *VARIANTE: Wer mag, kann die Germknödel vor dem letzten Gehen **mit Powidl füllen**. Dazu jedes Teigstück mit den Händen zu einem Kreis von etwa acht Zentimetern flach drücken. Je einen Teelöffel Powidl in die Mitte geben und den Teig gut darüber verschließen. Statt zerlassener Butter und Mohn schmeckt auch **Vanillesauce** zu den Germknödeln (siehe Seite 146; für sechs Stück doppelte Rezeptmenge zubereiten).*

Mehlspeisen

Dukatenbuchteln

Buttriger Germteig ist die Basis für diese wunderbare Mehlspeise.

ZUBEREITUNG: 30 MINUTEN
GEHEN: 1 STUNDE
BACKEN: 30 MINUTEN
FÜR 6–8 PERSONEN

Zutaten

400 g Mehl | 20 g frischer Germ
etwa 125 ml Milch | 2 ½ EL Zucker
2 Eier | 150 g Butter | Salz
Mehl für die Arbeitsfläche

Das Mehl in eine Schüssel sieben und eine Mulde hineindrücken. Die Milch lauwarm erhitzen, den Germ und einen halben Esslöffel Zucker darin auflösen, in die Mulde gießen und mit Mehl bestreuen. Zugedeckt an einem warmen, zugluftfreien Ort 15 Minuten gehen lassen.

Die Eier, den übrigen Zucker und die Hälfte der klein gewürfelten Butter unterrühren. Alles zu einem glatten, glänzenden Teig verkneten. Falls nötig, noch ein wenig Milch hinzufügen. Mit einem Tuch abgedeckt 30 Minuten ruhen lassen.

Den Teig auf der bemehlten Arbeitsfläche einen Zentimeter dick ausrollen und Kreise mit drei Zentimeter Durchmesser ausstechen. Die übrige Butter in einem Topf zerlassen, zwei Esslöffel davon in ein Reindl geben. Die Buchteln in der übrigen Butter wenden und in zwei Lagen dicht an dicht in das Reindl legen. Etwa 15 Minuten zugedeckt gehen lassen, bis sie gut aufgegangen sind.

Den Backofen auf 180 °C vorheizen. Die Buchteln darin etwa 30 Minuten backen. Die fertigen Buchteln herausnehmen, auf ein Kuchengitter stürzen und auseinanderlösen. Mit Staubzucker überpudern und mit Vanillesauce (siehe Seite 146) servieren.

Gefüllte Buchteln mit Kanarimilch

Feiner Vanilleschaum begleitet hier die mit Powidl gefüllten Minigermknödl.

ZUBEREITUNG: 30 MINUTEN
GEHEN: 45 MINUTEN
BACKEN: 30 MINUTEN
FÜR 6–8 PERSONEN

Zutaten

Für die Buchteln

400 g Mehl | 20 g frischer Germ
etwa 125 ml Milch | 2 ½ EL Zucker | 2 Eier
150 g Butter | Salz | Mehl für die Arbeitsfläche | 150 g Powidl | 1 EL Rum

Für die Kanarimilch

4 Eidotter | 4 EL Zucker
2 Vanilleschoten | 500 ml lauwarme Milch

Wie bei den Dukatenbuchteln (links) beschrieben einen Germteig herstellen und gehen lassen. Den Teig auf der bemehlten Arbeitsfläche einen halben Zentimeter dick ausrollen und Kreise von sechs Zentimeter Durchmesser ausstechen. Powidl mit Rum verrühren, einen halben Teelöffel davon auf jeden Kreis geben und den Teig darüber verschließen. Die übrige Butter in einem oder zwei Reindln (oder Auflaufformen) zerlassen, die Buchteln darin wenden und mit ein wenig Abstand in einer Lage hineinlegen. 15 Minuten zugedeckt gehen lassen, dann bei 180 °C etwa 30 Minuten backen (siehe links).

Für die Kanarimilch ein heißes Wasserbad vorbereiten. Die Eidotter in einer Schüssel mit dem Zucker und dem Mark der Vanilleschoten cremig rühren, bis der Zucker sich aufgelöst hat. Die Schüssel auf das Wasserbad setzen und die Milch unter ständigem Schlagen mit dem Schneebesen langsam dazugießen, sodass warmer Vanilleschaum entsteht. Sofort zu den Buchteln servieren.

Mehlspeisen

Salzburger Nockerln

Das Rezept für dieses zarte Soufflé soll bereits im 16. Jahrhundert entstanden sein.

ZUBEREITUNG: 20 MINUTEN
BACKEN: 15 MINUTEN
FÜR 2–4 PERSONEN

Zutaten

6 EL Milch | 1 EL Butter
1 Päckchen Vanillezucker
4 Eier | 4 EL Zucker | Salz
40 g Mehl | 1 TL Zitronensaft
Staubzucker

Den Backofen auf 200 °C (Ober- und Unterhitze) vorheizen. In einer weiten ofenfesten Porzellan- oder Steingutform die Milch, die Butter und den Vanillezucker unter Rühren aufkochen lassen und beiseitestellen.

Die Eier trennen. Die Eidotter mit zwei Esslöffeln Zucker und einer Prise Salz schaumig schlagen. Das Mehl darübersieben und unterziehen. Die Eiklar mit dem Zitronensaft sehr steif schlagen, dabei den übrigen Zucker einrieseln lassen. Den Eischnee auf die Dottercreme geben und vorsichtig, aber zügig mit dem Teigspatel unterziehen.

Die Masse in die Form geben und mit dem Teigspatel zu hübschen Nockerln formen. Im Ofen 15 Minuten backen. Herausnehmen, dick mit Staubzucker überpudern und sofort zu Tisch bringen. Erst dort die Nockerln abteilen und auf Teller geben.

▌**TIPPS:** *Bekommen Sie beim Begriff »Soufflé« keinen Schrecken, die Salzburger Nockerln gelingen leichter, als Sie denken. Wichtig ist, dass Sie den Ofen gut vorheizen, den Eischnee sehr steif schlagen und die Ofentür nicht vor der Zeit öffnen. Gutes Gelingen!*

Wer die Salzburger Nockerln nicht pur genießen möchte, gießt einen Spiegel aus Vanillesauce auf die Teller, setzt jeweils einen Esslöffel glatt gerührte Ribiselmarmelade in die Mitte und gibt die Nockerln darauf.

Topfensoufflé

Federleicht und so zart, dass es auf der Zunge zergeht – für dieses luftige Dessert ist auch nach einem opulenten Menü noch Platz.

ZUBEREITUNG: 40 MINUTEN
BACKEN: 20 MINUTEN
FÜR 6 PERSONEN

Zutaten

150 g Topfen | 2 Eier
½ Vanilleschote
abgeriebene Schale von
½ unbehandelten Orange
Salz | 1 TL Zitronensaft
40 g Zucker
Butter und Zucker für die Förmchen

Den Backofen auf 180 °C vorheizen. Sechs Souffléförmchen mit Butter ausstreichen und mit Zucker ausstreuen. Eine Form, in die alle sechs Förmchen nebeneinander hineinpassen, für das Wasserbad bereitstellen.

Den Topfen in einem Tuch gut ausdrücken und durch ein feines Sieb streichen. Die Eier trennen. Die Eidotter mit dem ausgekratzten Vanillemark, der Orangenschale und einer kleinen Prise Salz unter den Topfen rühren.

Die Eiklar mit dem Zitronensaft sehr steif schlagen, dabei den Zucker einrieseln lassen. Erst ein Drittel des Eischnees unter die Topfencreme rühren, dann den übrigen Eischnee daraufhäufen und mit dem Teigspatel vorsichtig, aber zügig unterziehen.

Die Masse in die Förmchen geben, sodass sie zu etwa zwei Dritteln gefüllt sind, und diese in die große Form stellen. So viel heißes Wasser angießen, dass die Förmchen etwa einen Zentimeter im Wasser stehen. Die Soufflés im Backofen 18–20 Minuten backen. Herausnehmen, mit Staubzucker überpudern und sofort zu Tisch bringen.

▌ TIPP: *Wenn Sie ganz sichergehen wollen, dass Ihre Soufflés aufgehen, rühren Sie vor dem Eischnee noch einen gehäuften Teelöffel Speisestärke unter die Topfencreme.*

▌ UND DAZU? *Für **Rhabarberkompott** 600 Gramm junge Rhabarberstangen waschen und in etwa zwei Zentimeter lange Stücke schneiden. Mit zwei bis drei Esslöffeln Zucker und einem Päckchen Vanillezucker in einem Topf aufkochen und 5 Minuten bei schwacher Hitze dünsten. Bei Bedarf ein wenig Wasser hinzufügen.*

Mohr im Hemd

Dies ist eine moderne Form von »Mohr im Hemd«, die sich bestens als süßer Abschluss eines feinen Menüs eignet.

**ZUBEREITUNG: 1 ¼ STUNDEN
FÜR 6–8 PERSONEN**

Zutaten

Für die Mohren

4 Eier | 70 g dunkle Kuvertüre
70 g weiche Butter
40 g Zucker | 70 g geriebene Mandeln
2 Päckchen Vanillezucker
1 EL Semmelbrösel
Butter und Zucker für die Förmchen
Staubzucker

Für das Weichselkompott

600 g Weichseln | 2 EL Zucker
Saft und Schale von 1 unbehandelten Orange
1 kleine Zimtstange
Schlagobers zum Servieren

Den Backofen auf 160 °C vorheizen. Die Förmchen buttern und mit Zucker ausstreuen. Eine große Form, in die alle Förmchen nebeneinander hineinpassen, für das Wasserbad bereitstellen.

Die Eier trennen. Die Kuvertüre schmelzen und mit der weichen Butter und dem Zucker verrühren, bis Letzterer sich ganz aufgelöst hat. Nach und nach die Eidotter hinzufügen und die geriebenen Mandeln unterrühren. Die Eiklar mit dem Vanillezucker zu festem Schnee schlagen und mit den Semmelbröseln locker unter die Schokoladencreme heben.

Die Masse in die Förmchen füllen (sie sollen nur zu zwei Dritteln gefüllt sein, damit der Teig schön aufgehen kann) und in die Form stellen. So viel kaltes Wasser angießen, dass die Förmchen zu zwei Dritteln im Wasser stehen. Im heißen Ofen langsam in etwa 45 Minuten garen. Zur Garprobe mit einem Holzstäbchen einstechen: Wenn es trocken bleibt und keine Teigschlieren mehr zu sehen sind, sind die Mohren fertig.

Inzwischen die Weichseln entkernen, mit Zucker, Orangensaft und -schale und der Zimtstange aufkochen und 5 Minuten zugedeckt bei schwacher Hitze köcheln lassen. Vom Herd nehmen und lauwarm abkühlen lassen.

Die Mohren herausnehmen und entweder, wie auf dem Bild gezeigt, im Förmchen servieren oder auf Dessertteller stürzen und mit Staubzucker überpudern. Das lauwarme Weichselkompott und Schlagobers dazu reichen.

▌ *VARIANTE: Sie können »Mohr im Hemd« auch ganz traditionell in einer großen Puddingform zubereiten (Garzeit im Wasserbad etwa 1 ¼ Stunden) und mit dickflüssiger **Schokoladensauce** servieren: Dazu 150 Gramm gute Bitterschokolade in 250 Gramm flüssigem Obers schmelzen und nach Belieben mit Vanillezucker süßen.*

Mandelkoch mit Erdbeerragout

Mit warmen karamellisierten Erdbeeren ein hinreißendes Frühlingsdessert.

ZUBEREITUNG: 50 MINUTEN
FÜR 8 PERSONEN

Zutaten

Für die Mandelkoche

6 Eier | 100 g weiche Butter
100 g Zucker
150 g geriebene, geschälte Mandeln
3 EL Semmelbrösel
Butter, Zucker und geriebene
Mandeln für die Förmchen
Staubzucker

Für das Erdbeerragout

500 g Erdbeeren
3 EL Staubzucker | 1 EL Butter
abgeriebene Schale von
1 unbehandelten Orange
3 Stängel frische Minze
2 EL Orangenlikör (nach Belieben)

Den Backofen auf 180 °C vorheizen. Acht Puddingförmchen à etwa 150 Milliliter Inhalt buttern und mit Zucker und geriebenen Mandeln ausstreuen. Eine ofenfeste Form, in der alle acht Förmchen nebeneinander Platz haben, für das Wasserbad bereitstellen.

Die Eier trennen. Die Butter mit zwei Dritteln des Zuckers und den Eidottern schaumig schlagen. Mandeln und Semmelbrösel unterrühren. Die Eiklar mit dem übrigen Zucker zu Schnee schlagen und sorgfältig unterheben.

Die Masse in die Förmchen verteilen (diese sollten etwa zu zwei Dritteln gefüllt sein) und mit Alufolie abdecken. In die Form stellen und so viel kochendes Wasser angießen, dass die Förmchen zu zwei Dritteln im Wasser stehen. In den Backofen geben und etwa 35 Minuten garen.

Inzwischen die Erdbeeren waschen und auf Küchenpapier abtrocknen lassen. Dann entkelchen und je nach Größe halbieren oder vierteln. Kurz bevor die Mandelkoche fertig sind, den Staubzucker mit der Butter in einer Pfanne zu hellem Karamell schmelzen. Erdbeeren und Orangenschale dazugeben und kurz durchschwenken. In der Pfanne lauwarm abkühlen lassen. Die Minze waschen und trocken schütteln, die Blätter abzupfen und grob schneiden. Das Erdbeerragout nach Belieben mit dem Likör aromatisieren und die Minze unterziehen.

Die Mandelkoche aus dem Ofen nehmen und auf Dessertteller stürzen. Mit Staubzucker überpudern und das Erdbeerragout drumherum anrichten.

▌ TIPP: *Der Eischnee sorgt dafür, dass die Mandelkoche fluffig aufgehen. Dazu müssen Sie ihn **ganz sanft unterheben**. Geben Sie zuerst ein Drittel zur Mandelcreme und rühren es gut unter. Dann den Rest Eischnee daraufhäufen und vorsichtig mit einem Teigspatel unterheben.*

Mehlspeisen

Scheiterhaufen mit Himbeersauce

Saftig, fruchtig und gehaltvoll – hier kommen die Semmeln vom Vortag groß raus.

ZUBEREITUNG: 30 MINUTEN
BACKEN: 40 MINUTEN
FÜR 4 PERSONEN

Zutaten

Für den Scheiterhaufen

4 altbackene Semmeln
je 125 ml Obers und Milch
3 Eier | 4 EL Zucker
4 säuerliche Äpfel
½ TL gemahlener Zimt
2 EL Mandelstifte | 2 EL Rosinen
50 g Butter
Staubzucker

Für die Himbeersauce

300 g Himbeeren (frisch oder TK)
2 EL Staubzucker
2 EL Himbeergeist (nach Belieben)

Die Semmeln in dünne Scheiben schneiden und in eine weite Schüssel geben. Obers, Milch, Eier und drei Esslöffel Zucker verquirlen, darübergießen und 20 Minuten durchziehen lassen.

Inzwischen die Äpfel schälen und in schmale Spalten schneiden. Den übrigen Zucker mit dem Zimt vermischen und darüberstreuen. Die Mandelstifte und die Rosinen unterheben.

Den Backofen auf 180 °C vorheizen. Eine Auflaufform mit der Hälfte der Butter ausstreichen. Semmeln und Äpfel lagenweise in die Form schichten. Die übrige Butter in Flöckchen darauf verteilen. Etwa 40 Minuten backen, bis die Oberfläche schön gebräunt ist.

Inzwischen für die Sauce gefrorene Himbeeren auftauen lassen, frische verlesen. Den Staubzucker darübersieben und die Früchte 10 Minuten Saft ziehen lassen. Dann durch ein feines Sieb streichen, die Kerne wegwerfen. Nach Belieben den Himbeergeist unterrühren.

Den Scheiterhaufen aus dem Ofen nehmen, mit Staubzucker überpudern und mit der Himbeersauce servieren.

▌VARIANTE: *Wer mag, kann 10 Minuten vor dem Ende der Backzeit zwei Eiklar mit zwei Esslöffeln Staubzucker zu* **festem Schnee schlagen,** *diesen auf dem Scheiterhaufen verteilen und etwa 10 Minuten bei 200 °C backen, bis die Baiserhaube hübsche braune Spitzen bekommt.*

Kaiserschmarrn

Der Klassiker der Kaiserzeit ist auch heute beliebt wie eh und je.

ZUBEREITUNG: 25 MINUTEN
FÜR 2 PERSONEN

Zutaten

1 EL Rosinen | 1–2 EL Rum
2 Eier | 80 g Mehl
1 TL Vanillezucker | Salz
125 ml Milch
1 EL Zucker
2 EL Butter | Staubzucker

Den Backofen auf 180 °C vorheizen. Die Rosinen in einem Schälchen mit dem Rum beträufeln und einweichen. Die Eier trennen. Das Mehl in eine Rührschüssel sieben, die Eidotter, den Vanillezucker, eine Prise Salz und die Milch dazugeben und sorgfältig unterrühren.

Die Eiklar mit dem Zucker zu steifem Schnee schlagen. Erst ein Drittel davon mit den Rumrosinen unter den Teig ziehen. Dann den übrigen Eischnee daraufhäufen und vorsichtig mit einem Teigspatel unterheben, damit möglichst viel Luft in den Teig gelangt und der Kaiserschmarrn schön locker wird.

Die Butter in einer großen ofenfesten Pfanne schmelzen. Den Teig hineingießen und glatt streichen. Bei mittlerer Hitze in etwa 2 Minuten goldgelb anbacken, dann mit einem Pfannenwender vierteln, die Stücke wenden und auf der anderen Seite 1 Minute backen. Für 5–8 Minuten in den heißen Backofen stellen. Dann herausnehmen, mit zwei Gabeln in Stücke reißen und mit Staubzucker überpudert servieren.

▌ **UND DAZU?** *Zum Kaiserschmarrn schmeckt **Zwetschkenröster** (siehe Seite 149) oder, wie auf Seite 106 gezeigt, **Apfelkompott**, am besten selbst gemacht: Für zwei Personen zwei bis drei säuerliche Äpfel vierteln, schälen, die Kerngehäuse entfernen und die Viertel in Scheiben schneiden. Mit zwei Esslöffeln Zitronensaft, einem Esslöffel Zucker und einer Zimtstange aufkochen und zugedeckt etwa 5 Minuten köcheln lassen. Lauwarm abkühlen, nach Belieben zu Mus zerdrücken oder stückig lassen und zum Kaiserschmarrn oder einer anderen Mehlspeise servieren.*

▌ **VARIANTE:** *An Rosinen in Mehlspeisen scheiden sich bekanntlich die Geister. Wer sie nicht mag, kann ersatzweise in Portwein eingeweichte getrocknete **Cranberrys** versuchen – sehr fein!*

▌ **SCHON GEWUSST?** *Woher der Kaiserschmarrn seinen Namen hat? Einer der unzähligen Legenden nach soll der Leibkoch von Kaiser Franz Joseph I. eine Abwandlung des oberösterreichischen »Kaserschmarrn« (von Kaser für »Senner«) kredenzt haben. Der Kaiser war von dem Gericht so angetan, dass er fand, das Gericht sei würdig, nach ihm benannt zu werden.*

Mehlspeisen

Karamellisierter Apfelschmarrn

Fruchtig, knusprig und unglaublich gut.

ZUBEREITUNG: 30 MINUTEN
FÜR 4 PERSONEN

Zutaten

2 säuerliche Äpfel | 50 g Walnusskerne
7 EL Butter | 4 Eier | 160 g Mehl
1 Päckchen Vanillezucker | Salz
250 ml Milch | 2 EL Zucker
6 EL Staubzucker

Die Äpfel vierteln, schälen, vom Kerngehäuse befreien und in Spalten schneiden. Die Walnüsse grob hacken. Einen Esslöffel Butter in einer Pfanne schmelzen, die Apfelspalten darin von beiden Seiten anbraten und warm halten.

Den Backofen auf 180 °C vorheizen. Die Eier trennen. Das Mehl in eine Rührschüssel sieben. Die Eidotter, den Vanillezucker, eine Prise Salz und die Milch dazugeben und sorgfältig unterrühren. Die Eiklar mit dem Zucker zu Schnee schlagen. Ein Drittel davon unter den Teig rühren, dann den übrigen Eischnee vorsichtig unterheben.

Zwei Esslöffel Butter in einer großen Pfanne schmelzen. Ein Drittel des Teigs hineingießen und glatt streichen. Bei mittlerer Hitze in etwa 2 Minuten goldgelb anbacken, dann mit einem Pfannenwender vierteln, in der Pfanne umdrehen und etwa 2 Minuten weiterbacken. Den Pfannkuchen mit zwei Gabeln in Stücke reißen, die Stücke in eine ofenfeste Form füllen und in den heißen Backofen stellen, bis alles fertig ist. Den restlichen Teig ebenso verarbeiten.

Drei Esslöffel Staubzucker in die Pfanne sieben und zu hellbraunem Karamell schmelzen. Die Hälfte der Walnüsse und der Schmarrnstückchen dazugeben und unter regelmäßigem Wenden rundherum knusprig braten. Zum Schluss die Hälfte der Apfelspalten untermischen. Diese Portion wieder in die Form geben und im Backofen warm halten und den Vorgang wiederholen. Sobald auch die zweite Hälfte karamellisiert ist, diese untermischen und den Apfelschmarrn sofort heiß servieren.

▌ TIPP: *Der Apfelschmarrn reicht für vier Personen als Hauptgericht. Mit je einer Kugel* **Vanilleeis** *wird er zum feinen* **Dessert** *für sechs bis acht Personen.*

Mehlspeisen

Grießschmarrn mit Ribiselsauce

Vor allem, aber nicht nur, ein Kinderliebling.

ZUBEREITUNG: 1 STUNDE
FÜR 4 PERSONEN

Zutaten

Für den Grießschmarrn

80 g Butter | 500 ml Milch
1 Päckchen Vanillezucker
2–3 EL Rosinen
1 EL Zucker | Salz
150 g Weichweizengrieß
2 Eier | Staubzucker

Für die Ribiselsauce

150 g rote Ribiselmarmelade
(siehe Seite 151 oder gekauft)
150 ml roter Ribiselsaft
1 gehäufter TL Speisestärke
1–2 EL Zitronensaft
Zucker nach Belieben

Den Backofen auf 180 °C vorheizen. Eine Auflaufform mit etwas Butter ausstreichen. Die Milch mit 50 Gramm Butter, dem Vanillezucker, den Rosinen, dem Zucker und einer Prise Salz in einen Topf geben und aufkochen lassen. Den Grieß unter ständigem Rühren einrieseln lassen und daraus in etwa 5 Minuten einen dicken Brei kochen. Vom Herd nehmen und 10 Minuten abkühlen lassen.

Die Eier unter den Grießbrei rühren und diesen in die Auflaufform gießen. Die übrige Butter in einer Pfanne einmal aufschäumen lassen. Den Grießbrei damit begießen und im Backofen etwa 30 Minuten backen. In dieser Zeit zweimal kurz herausnehmen, mit einem Pfannenwender in Schmarrnstückchen zerteilen und wenden, bis die Masse von schönen Stücken mit Kruste durchsetzt ist.

Inzwischen für die Sauce die Ribiselmarmelade mit dem Ribiselsaft verquirlen und in einem Topf erhitzen. Die Speisestärke in einer Tasse mit zwei Esslöffeln kaltem Wasser gut vermischen, unterziehen und unter Rühren aufkochen lassen. Vom Herd nehmen und mit Zitronensaft und nach Belieben etwas Zucker abschmecken. Den Grießschmarrn auf Teller verteilen, mit Staubzucker überpudern und die Ribiselsauce dazu reichen.

▎ VARIANTEN: *Wenn Sie nur für Erwachsene kochen, können Sie die Sauce nach Belieben mit zwei Esslöffeln* **Cassislikör** *(schwarzer Johannisbeerlikör) verfeinern.*

Statt der Sauce passt auch **Marillenröster** *(siehe Seite 149) oder* **Apfelkompott** *(siehe Seite 139) dazu.*

Topfenschmarrn mit Beeren

Schmeckt angenehm leicht und sommerfrisch.

ZUBEREITUNG: 50 MINUTEN
FÜR 4 PERSONEN

Zutaten

Für den Topfenschmarrn

5 EL Butter | 4 Eier | 2 EL Zucker
Salz | abgeriebene Schale von
1 unbehandelten Zitrone
250 g Topfen | 250 g Sauerrahm
150 g Mehl

Außerdem

250 g frische Beeren (Himbeeren, Brombeeren, Blaubeeren)
Staubzucker (nach Belieben)

Den Backofen auf 180 °C vorheizen. Ein Reindl oder eine weite Auflaufform mit der Hälfte der Butter ausstreichen.

Die Eier trennen. Die Eidotter mit einem Esslöffel Zucker und einer Prise Salz schaumig aufschlagen. Die Zitronenschale, den Topfen und den Sauerrahm unterrühren. Das Mehl daraufsieben und unterziehen.

Die Eiklar zu Schnee schlagen, dabei den übrigen Zucker einrieseln lassen. Den Eischnee sorgfältig unter den Topfenteig heben und die Masse in die Form gießen. Die übrige Butter in Flöckchen darauf verteilen.

Die Form in den Ofen schieben und die Topfenmasse etwa 30 Minuten backen. In der Zeit zweimal kurz herausnehmen und mit zwei Gabeln in hübsche Schmarrnstückchen reißen.

Die Beeren verlesen, vorsichtig waschen und auf Küchenpapier abtropfen lassen. Den Topfenschmarrn auf Teller verteilen und mit den Beeren garnieren. Vor dem Servieren nach Belieben mit Staubzucker überpudern.

▌VARIANTEN: *Sind gerade keine frischen Beeren verfügbar, dann nehmen Sie* **gemischte tiefgekühlte Beeren** *und lassen diese in einem Sieb auftauen. Da sie oft sauer schmecken, süße ich sie gerne mit einem Esslöffel Staubzucker und aromatisiere sie zusätzlich mit zwei Esslöffeln Cassislikör (schwarzem Johannisbeerlikör).*

Statt der Beeren schmeckt auch **Marillenröster** *(siehe Seite 149) oder* **Rhabarberkompott** *(siehe Seite 131) zum Topfenschmarrn.*

Mehlspeisen

Wiener Kipferlschmarrn

Ganz einfach – so gut kann Resteverwertung schmecken!

ZUBEREITUNG: 40 MINUTEN
RUHEN: 20 MINUTEN
FÜR 4 PERSONEN

Zutaten

5–6 altbackene Kipferl
375 ml Milch | 2 Eier | Salz
4 EL Butter
1 EL Staubzucker (nach Belieben)

Die Kipferl in dünne Scheiben schneiden und in eine Schüssel geben. Die Milch mit den Eiern und einer kleinen Prise Salz verquirlen, darübergießen und 20 Minuten durchziehen lassen.

Den Backofen auf 180 °C vorheizen. Zwei Esslöffel Butter in einer großen Pfanne (oder einem Reindl) zerlassen. Die Kipferlmasse hineingeben und die übrige Butter in Flöckchen darauf verteilen. Im heißen Ofen in etwa 30 Minuten goldbraun backen, dabei zweimal herausnehmen und mit zwei Gabeln in Schmarrnstückchen reißen.

Den Kipferlschmarrn auf Teller verteilen und nach Belieben (und Süße der Kipferl) mit Staubzucker überpudern.

▌**VARIANTEN:** *Wer mag, kann mit den Kipferln zwei bis drei Esslöffel* **Rosinen** *oder getrocknete* **Kirschen** *einweichen.*

Statt der Kipferl können Sie für einen **Semmelschmarrn** *auch altbackene Semmeln verwenden, sollten dann aber zwei Esslöffel Zucker unter Milch und Eier mischen.*

▌**UND DAZU?** *Dazu schmeckt selbst gemachte* **Vanillesauce***: Zwei Eidotter und ein ganzes Ei mit zwei bis drei Esslöffeln Zucker (je nach gewünschter Süße) und 250 Milliliter Milch in einem Topf verrühren. Eine Vanilleschote längs aufschneiden, das Mark herauskratzen und dazugeben (die ausgekratzte Vanilleschote nicht wegwerfen, sondern für selbst gemachten Vanillezucker verwenden, siehe unten). Bei schwacher Hitze unter ständigem Rühren bis kurz vor dem Siedepunkt erhitzen, bis die Sauce leicht dicklich wird. Dann vom Herd nehmen und die Sauce unter weiterem Rühren (damit sich keine Haut bildet) lauwarm abkühlen lassen. Zum Kipferlschmarrn oder einer anderen Mehlspeise servieren.*

▌**TIPP:** *Geben Sie ausgekratzte Vanilleschoten in ein sauberes Schraubglas und bedecken Sie sie mit Zucker. Innerhalb von ein paar Tagen gewinnen Sie so feinsten* **Vanillezucker** *für Mehlspeisen und Desserts.*

Mehlspeisen

Zwetschkenröster

Dieses fruchtige Kompott schmeckt lauwarm am besten und passt zu vielen Mehlspeisen.

ZUBEREITUNG: 25 MINUTEN
FÜR 6 PERSONEN

Zutaten

1 kg Zwetschken | 100 g Zucker
(nach Belieben auch mehr)
1 unbehandelte Zitrone
2 Gewürznelken | 1 Zimtstange

Die Zwetschken waschen und die Stiele entfernen. Die Früchte längs halbieren und entsteinen. Mit dem Zucker und 125 Milliliter Wasser in einen Topf geben.

Die Zitrone heiß abwaschen und abtrocknen, erst die Schale abreiben, dann den Saft auspressen und beides zu den Früchten geben. Die Gewürznelken und die Zimtstange hinzufügen und alles zum Kochen bringen. Etwa 5 Minuten bei schwacher Hitze kochen lassen, bis die Zwetschken schön weich sind und die Schalen der Früchte sich aufzurollen beginnen.

Den Zwetschkenröster vom Herd nehmen und abkühlen lassen. Vor dem Servieren die Zimtstange und, sofern Sie sie finden, die Gewürznelken entfernen.

▍ SCHON GEWUSST? *Die Zwetschke unterscheidet sich von der **Pflaume** durch ihre schlanke, längliche Form. Auch löst sich ihr Fruchtfleisch viel leichter vom Stein. Wenn Sie Pflaumen zu Röster verarbeiten, kochen Sie sie mit Stein. Diese werden dann wie bei Kirschen beim Essen entfernt und beiseitegelegt.*

Marillenröster

Ein wenig echte Bourbonvanille hebt das Aroma der aromatischen Früchtchen.

ZUBEREITUNG: 25 MINUTEN
FÜR 6–8 PERSONEN

Zutaten

1 kg Marillen | 60–100 g Zucker
(nach Belieben auch mehr)
1 unbehandelte Zitrone
1 Vanilleschote

Die Marillen waschen, vierteln und entsteinen. In einen Topf geben, mit dem Zucker bestreuen und ein wenig Saft ziehen lassen.

Die Zitrone heiß abwaschen und abtrocknen. Erst die Schale fein abreiben, dann den Saft auspressen und beides zu den Früchten geben. Die Vanilleschote längs aufschneiden, das Mark herauskratzen und zusammen mit der ausgekratzten Schote dazugeben. 125 Milliliter Wasser hinzufügen, aufkochen und etwa 5 Minuten bei schwacher Hitze köcheln lassen, bis die Marillen ganz weich sind.

Den Topf vom Herd nehmen und den Marillenröster abkühlen lassen. Vor dem Servieren die Vanilleschote entfernen.

▍ TIPP: *Wie viel Zucker Sie beigeben, ist Geschmackssache und hängt von der Süße der Früchte ab.*

Marillenmarmelade

Ob aufs Brot, als Palatschinkenfüllung oder zu Kaiserschmarrn – die selbst gemachte Marmelade aus reifen Marillen schmeckt einfach umwerfend.

Ribiselmarmelade

Die kalt gerührte Marmelade ist zwar nicht so haltbar wie gekochte, schmeckt dafür aber superfruchtig.

Maronireis

Schmeckt pur auf Schlagobers oder, mit Rum verfeinert, als Füllung für Törtchen und Palatschinken.

Powidl

Das langsam eingekochte, dicke Zwetschkenmus findet in einer Vielzahl österreichischer Mehlspeisen Verwendung.

Maronireis

ZUBEREITUNG: 25 MINUTEN
FÜR 6–8 PERSONEN

Zutaten

250 g gegarte Maroni (vakuumverpackt)
300 ml Milch | 2 EL Zucker
1 Vanilleschote

Die Maroni mit der Milch, dem Zucker und dem ausgekratzten Mark der Vanilleschote in einem Topf aufkochen und 10 Minuten bei schwacher Hitze zugedeckt köcheln lassen. Abgekühlt durch die Erdäpfelpresse drücken oder mit dem Pürierstab fein zermusen. Pur auf Schlagobers genießen oder wie im Rezept beschrieben weiterverarbeiten. Reste lassen sich prima für den Vorrat einfrieren.

Powidl

ZUBEREITUNG: 3 ½ STUNDEN
ERGIBT 7–8 GLÄSER À 250 MILLILITER

Zutaten

2 kg makellose reife Zwetschken
1 Stück frischer Ingwer (30 g)
1 TL gemahlener Zimt

Die Zwetschken waschen, vierteln und entsteinen. In einem Topf mit schwerem Boden (traditionell nimmt man dafür einen Emailletopf) erhitzen und unter regelmäßigem Rühren 2 ½ Stunden einkochen lassen. Den Ingwer schälen, fein reiben und mit dem Zimt unterrühren. 30 Minuten weiterkochen. In heiß ausgespülte Schraubgläser füllen, diese sofort verschließen und für 10 Minuten auf den Kopf stellen. Kühl und dunkel aufbewahren.

Marillenmarmelade

ZUBEREITUNG: 40 MINUTEN
ERGIBT 5–6 GLÄSER À 250 MILLILITER

Zutaten

1 kg reife Marillen | 500 g Gelierzucker 1:2
½ unbehandelte Orange | ½ Vanilleschote

Die Marillen waschen, vierteln und entsteinen. In einem Topf mit dem Zucker mischen. Orangensaft und fein abgeriebene -schale und das ausgekratzte Mark der Vanilleschote hinzufügen, aufkochen und nach Packungsanleitung unter Rühren kochen lassen. Zur Gelierprobe einen Teelöffel voll Fruchtmasse auf einen kalten Teller geben. Wenn sie innerhalb 1 Minute fest wird, ist die Marmelade fertig. Dann randvoll in heiß ausgespülte Schraubgläser füllen, diese sofort verschließen und für 10 Minuten auf den Kopf stellen. Kühl und dunkel aufbewahren und angebrochene Gläser in den Kühlschrank stellen.

Ribiselmarmelade

ZUBEREITUNG: 40 MINUTEN
ERGIBT 3 GLÄSER À 250 MILLILITER

Zutaten

1,2 kg rote Ribiseln
400 g Gelierzucker 1:3

Die Ribiseln in einem Sieb abbrausen und abtropfen lassen. Die Beeren von den Stielen zupfen und durch ein feines Sieb streichen. Die Fruchtmasse in einer Schüssel mit dem Zucker mischen und 10–15 Minuten bei kleiner Stufe mit dem Handrührgerät (oder in der Küchenmaschine) durchrühren, bis sich der Zucker auflöst und die Masse andickt. In saubere Schraubgläser füllen, kühl und dunkel aufbewahren. Angebrochene Gläser in den Kühlschrank stellen.

Zum Kaffee

Sieht sie nicht einladend aus, die mit glänzender Schokoglasur überzogene Sachertorte? In der *Backstube* des Café Demel durften wir den Konditoren über die Schulter sehen. Wir haben zugeschaut, wie *Cremeschnitten* und *Torten* entstehen und wie die *frischen Strudel* aus dem Rohr kommen. Da bekommt man richtig Lust, mal wieder Teig zu kneten, zu füllen und gespannt auf das Ergebnis zu warten. Auch wenn's nicht ganz so perfekt aussieht, vom Geschmack her ist *Selbstgebackenes* einfach unschlagbar.

Melange, Einspänner & Co.

Hunderte, ach was, Tausende von Wissenschaftlern haben sich, seit *der Kaffee* im 16. Jahrhundert in Europa bekannt wurde, mit seiner Herkunft, Wirkung und Beschaffenheit beschäftigt. Doch *alle Geheimnisse* sind bis heute nicht gelüftet!

Zuallererst: Kaffee wird in Österreich auf der letzten Silbe, also auf dem »e« betont. Machen Sie nicht den Fehler, einen Kaffee, mit Betonung auf dem »a« zu bestellen. Sie würden sich unweigerlich als Piefke, als deutscher Tourist outen. Ganz zu schweigen davon, dass man in einem Wiener Kaffeehaus ohnehin nicht einfach »einen Kaffee« bestellt. Sie lassen sich einen kleinen Braunen oder eine Melange, einen Verlängerten oder einen Einspänner bringen. Dazu gibt es immer ein Glas Leitungswasser, das vom aufmerksamen Ober erneuert wird, sobald Sie es ausgetrunken haben.

Kaffee für jeden Geschmack

Kaffee richtig zuzubereiten, ist eine Wissenschaft für sich. Im Wiener Kaffeehaus beherrscht man sie in Perfektion. Was immer das Herz begehrt, hier bekommen Sie es. Der Mokka (klein oder groß) entspricht im Wesentlichen dem italienischen Espresso: Er wird in der Maschine kurz unter Druck mit heißem Wasser extrahiert und bietet konzentriertes Kaffeearoma. Ein kleiner Schwarzer wird auch wie ein Espresso gemacht, allerdings ist die Extraktionszeit wesentlich länger (etwa 60 Sekunden), wodurch mehr Gerbstoffe, welche für ein rundes Aroma sorgen, aus dem Kaffeepulver gelöst werden. Möchte man ihn mit ein wenig Obers gemischt, was ihm die namengebende Farbe verleiht, bestellt man einen kleinen Braunen. In einem Kaffeehaus, das auf sich hält, bekommt man das Obers in einem Porzellankännchen separat serviert, damit jeder Gast das Mischungsverhältnis selbst bestimmen kann. Beim großen Schwarzen und großen Braunen handelt es sich um Gleiches in doppelter Menge. Ein Verlängerter ist ein kleiner Brauner, der mit heißem Wasser aufgegossen (verlängert) wird. Auch dieses wird üblicherweise extra dazu gereicht.

Bei einer Melange, zusammen mit einem Kipferl ein beliebtes Frühstück, handelt es sich um einen Verlängerten, der zu gleichen Teilen mit Milch aufgegossen wird. Beim Milchkaffee ist das Mischungsverhältnis anders: Viel heiße Milch wird mit Kaffee aufgegossen.

Für den Einspänner schließlich wird ein großer Schwarzer in einem Henkelglas mit einer üppigen Schlagobershaube serviert. Man schlürft den heißen Kaffee durch die kühle Sahne – mein Favorit unter den Wiener Kaffeespezialitäten! Wissen Sie übrigens, woher der Name kommt? Die Kutschen, die zur Kaiserzeit als eine Art Taxi für Personenfahrten und Besorgungen dienten, waren Einspänner, also mit einer Hand zu lenkende Wagen mit einem vorgespannten Pferd. Die Kutscher mussten bei jedem Wetter oft lange auf Kundschaft warten. Gegen die Kälte ließen sie sich aus dem nächsten Kaffeehaus einen Kaffee im Henkelglas bringen. Das konnten sie gut mit einer Hand halten. Unter der Schlagobershaube blieb der Kaffee lange heiß und der Kutscher wärmte sich daran die Hände. Kam Kundschaft, rührte er rasch die Sahne unter den Kaffee, der dann schnell ausgetrunken war.

Kaffee mit Schuss

Viele der genannten Kaffeesorten gibt es in weiteren Varianten, wobei gerne Alkoholika zum Einsatz kommen: Ein bekanntes Beispiel dafür ist der Pharisäer, ein großer Mokka mit Rum und Schlagobers. Oder die Kaisermelange. Dafür wird ein großer Mokka nicht mit heißer Milch, sondern mit einer Mischung aus Eidottern, Honig und Cognac oder Weinbrand verrührt. Für einen Fiaker wird ein kleiner Schwarzer mit Kirschwasser oder Rum »gespritzt« und mit einer Kirsche garniert. Es gäbe noch unzählige andere Kombinationen. Wenn Sie Kaffee mit Schuss mögen, versuchen Sie beim nächsten Wienbesuch am besten mal den einen oder anderen in Ihrem Lieblingskaffeehaus!

Und dazu?

Selbstverständlich können Sie die Wiener Kaffeespezialitäten pur genießen. Noch besser aber schmecken sie doch mit einem süßen Stückchen. Wie wäre es zum Beispiel mit einem Stück Strudel? Am besten noch warm aus dem Ofen, hübsch mit Staubzucker bedeckt und mit einem Tupfer Schlagobers obendrauf? Zugegeben, ich bin ein Strudelfan. Deshalb habe ich nicht weniger als sieben Rezepte, vom klassischen ausgezogenen Apfelstrudel bis zum Millirahmstrudel, in dieses Kapitel aufgenommen. Auf keinen hätte ich verzichten mögen, denn jeder hat seine Jahreszeit. Im Frühling beispielsweise freue ich mich schon auf die ersten Marillen, die in zartem Strudelteig einfach unvergleichlich fruchtig und fein schmecken. Später im Jahr dienen Sauerkirschen als perfekte Füllung und im Herbst und Winter sind Topfen, Mohn oder Weintrauben die richtige Wahl. Und ein Apfelstrudel schmeckt sowieso das ganze Jahr über.

Wer gerne Fettgebackenes wie Faschingskrapfen mag, wird in diesem Kapitel ebenfalls fündig (siehe Seite 173). Unbedingt versuchen sollten diejenigen dann auch mal die Polsterzipfe, mit Marmelade gefüllte Täschchen aus zartem Topfenteig. Oder wie wäre es mit Cremeschnitten (siehe Seite 177)? Vielleicht steht Ihnen auch eher der Sinn nach einem Gugelhupf (siehe Seite 185). Für eine nette Kaffeerunde genau das Richtige. Und wenn ein festlicher Anlass ansteht, dann bereiten Sie eine Biskuitroulade, eine Linzer Torte oder eine Sachertorte vor. Ihre Gäste werden Sie lieben!

Starker schwarzer Kaffee mit einem kühlen *Schlagobershäubchen* – eine der vielen Wiener Kaffeespezialitäten!

Zum Kaffee

Ausgezogener Apfelstrudel

Man sagt, der Teig muss so dünn ausgezogen werden, dass man durch ihn hindurch die Zeitung lesen kann!

ZUBEREITUNG: 45 MINUTEN
BACKEN: 40 MINUTEN
ERGIBT 2 STRUDEL, 8–10 STÜCKE

Zutaten

Für den Teig

250 g Mehl | ½ TL Salz
2 EL neutrales Pflanzenöl
1 Ei | 1 EL Essig | Mehl zum Verarbeiten

Für die Füllung

1,5 kg säuerliche Äpfel (z. B. Boskop)
4 EL Zucker | ½ TL gemahlener Zimt
2–3 EL Rosinen (nach Belieben)
100 g Butter | 100 g Semmelbrösel
4 EL Sauerrahm

Außerdem

Staubzucker

Das Mehl auf die Arbeitsfläche sieben und in die Mitte eine Mulde drücken. Das Salz und einen Esslöffel Öl, das Ei und den Essig in die Mitte geben. Nach und nach etwa 100 Milliliter lauwarmes Wasser hinzufügen und alles zu einem glatten, seidig glänzenden Teig verkneten. Den Teig zur Kugel formen und mit dem übrigen Öl einreiben. Eine Schüssel heiß ausspülen, abtrocknen, über den Teig stülpen und diesen 30 Minuten ruhen lassen.

Inzwischen für die Füllung die Äpfel vierteln, schälen, von den Kerngehäusen befreien und in feine Scheiben schneiden. Den Zucker, den Zimt und, falls verwendet, die Rosinen untermischen. Die Hälfte der Butter in einer Pfanne zerlassen, die Brösel darin goldbraun rösten, beiseitestellen. Die übrige Butter schmelzen.

Den Backofen auf 180 °C vorheizen, ein Blech mit Backpapier belegen. Den Teig teilen und jeweils auf einem bemehlten Küchentuch, so weit es geht, ausrollen. Dann die Hände bemehlen, mit den Handrücken unter den Teig greifen und diesen nach allen Seiten hauchdünn ausziehen. Dicke Teigränder abschneiden.

Das erste Teigstück mit zerlassener Butter einpinseln und jeweils die Hälfte des Sauerrahms und der Butterbrösel darauf verteilen. Die Hälfte der Äpfel daraufgeben, dabei an einer Längsseite zwei Handbreit Teig, an der Schmalseite etwa fünf Zentimeter frei lassen. Den Strudel mithilfe des Tuchs von der belegten Längsseite her aufrollen und mit der Nahtstelle nach unten auf das Backblech heben. Den zweiten Strudel ebenso vorbereiten und mit etwas Abstand daneben platzieren. Mit zerlassener Butter einpinseln und 30–40 Minuten im Ofen backen, nach der Hälfte der Zeit noch einmal mit der übrigen Butter einpinseln. Wenn die Oberfläche goldbraun ist, die Strudel herausnehmen und vor dem Servieren dick mit Staubzucker überpudern.

▌ **VARIANTEN:** *Ich bereite den Teig nach einem Altwiener Kochbuch immer mit Ei und Essig zu. Er wird dadurch, wie ich finde, besonders geschmeidig und leicht zu verarbeiten. Sie können beides aber auch weglassen, dafür etwas mehr Öl und 125 Milliliter lauwarmes Wasser nehmen.*

Statt die Strudel auf dem Blech zu backen, können Sie auch in einem großen Reindl 50 Gramm Butterschmalz zerlassen, die beiden Strudel nebeneinander hineinlegen und im Reindl backen. Sie bekommen dadurch besonders schöne, goldbraune Rammerl.

Topfen-Birnen-Strudel

Saftige Birnen verleihen dem Topfenstrudel fruchtige Frische.

ZUBEREITUNG: 45 MINUTEN
BACKEN: 40 MINUTEN
ERGIBT 2 STRUDEL, 8–10 STÜCKE

Zutaten

Für den Teig

250 g Mehl | ½ TL Salz
2 EL neutrales Pflanzenöl
1 Ei | 1 EL Essig
Mehl zum Verarbeiten

Für die Füllung

250 g Topfen | 3 Eier | 100 g weiche Butter
60 g Zucker | 1 EL Vanillezucker | Salz
1 TL abgeriebene Schale von
1 unbehandelten Zitrone
2 EL Sauerrahm | 4 reife Birnen

Außerdem

40 g zerlassene Butter zum Einpinseln
Staubzucker

Wie auf Seite 156 beschrieben aus den angegebenen Zutaten einen Strudelteig herstellen, zur Kugel formen, einölen und unter der warmen Schüssel 30 Minuten ruhen lassen.

Inzwischen den Topfen in einem Sieb abtropfen lassen. Die Eier trennen. Die Butter, den Zucker, den Vanillezucker und eine kleine Prise Salz schaumig schlagen. Die Zitronenschale und nach und nach die Eidotter hinzufügen. Sauerrahm und Topfen unterrühren. Die Eiklar zu Schnee schlagen und unter die Topfenmasse heben. Die Birnen vierteln, schälen, die Kerngehäuse entfernen und die Viertel in Scheiben schneiden.

Den Backofen auf 180 °C vorheizen, ein Blech mit Backpapier belegen. Wie auf Seite 156 angegeben zwei Strudel ausziehen. Jeweils die Hälfte der Topfenmasse darauf verstreichen und die Birnen aufstreuen, dabei an einer Längsseite zwei Handbreit, an den Querseiten eine Handbreit frei lassen, damit beim Aufrollen nichts herausquillt.

Die Strudel aufrollen, aufs Blech legen und mit zerlassener Butter einpinseln. 30–40 Minuten im Ofen backen, bis die Oberfläche goldbraun ist, dabei nach der Hälfte der Backzeit ein weiteres Mal mit Butter bepinseln. Vor dem Servieren mit Staubzucker überpudern.

▍VARIANTEN: *Statt der Birnen können Sie auch vier säuerliche* **Äpfel** *oder 600 Gramm entsteinte* **Weichseln** *verwenden.*

Zum Kaffee

Marillenstrudel

Mit aromatischen, herrlich reifen Marillen Sommergenuss pur!

ZUBEREITUNG: 1 STUNDE
BACKEN: 40 MINUTEN
ERGIBT 2 STRUDEL, 8–10 STÜCKE

Zutaten

Für den Teig

250 g Mehl | ½ TL Salz
2 EL neutrales Pflanzenöl | 1 Ei
1 EL Essig | Mehl zum Verarbeiten

Außerdem

1,5 kg reife Marillen | 100 g Butter
60 g geriebene Mandeln
60 g Semmelbrösel | 2 EL Vanillezucker
1–2 EL Zucker (nach Belieben)
Staubzucker

Wie auf Seite 156 beschrieben aus den angegebenen Zutaten einen Strudelteig herstellen, zur Kugel formen, einölen und unter der warmen Schüssel 30 Minuten ruhen lassen.

Inzwischen die Marillen waschen, abtrocknen, vierteln und entsteinen. Die Hälfte der Butter in einer Pfanne schmelzen. Die Mandeln, die Semmelbrösel und den Vanillezucker darin rösten. Die übrige Butter in einem Pfännchen zerlassen.

Den Backofen auf 180 °C vorheizen, ein Blech mit Backpapier belegen. Wie auf Seite 156 angegeben zwei Strudel ausziehen, mit Butter einpinseln und mit der gerösteten Mandelmischung bestreuen. Mit den Marillen belegen und diese je nach Süße der Früchte mit Zucker bestreuen. Die Strudel aufrollen und mit Butter bepinselt auf dem Blech im heißen Ofen 30–40 Minuten backen, nach der Hälfte der Zeit noch einmal mit der übrigen Butter einpinseln. Mit Staubzucker überpudert servieren.

Kirschstrudel

Das Entsteinen macht zwar ein wenig Mühe, der Strudel ist aber ohne Kerne wesentlich angenehmer zu essen.

ZUBEREITUNG: 1 STUNDE
BACKEN: 40 MINUTEN
ERGIBT 2 STRUDEL, 8–10 STÜCKE

Zutaten

Für den Teig

250 g Mehl | ½ TL Salz
2 EL neutrales Pflanzenöl
1 Ei | 1 EL Essig
Mehl zum Verarbeiten

Außerdem

2 kg Weichseln
100 g Butter | 100 g Semmelbrösel
2 EL Vanillezucker | 4 EL Zucker
Staubzucker

Wie auf Seite 156 beschrieben aus den angegebenen Zutaten einen Strudelteig herstellen, zur Kugel formen, einölen und unter der warmen Schüssel 30 Minuten ruhen lassen.

Inzwischen die Weichseln waschen, abtropfen lassen und entsteinen. Die Hälfte der Butter in einer Pfanne zerlassen und die Semmelbrösel mit dem Vanillezucker darin rösten. Die übrige Butter in einem Pfännchen schmelzen.

Den Ofen auf 180 °C vorheizen, ein Blech mit Backpapier belegen. Wie auf Seite 156 angegeben zwei Strudel ausziehen, mit Butter einpinseln und mit gerösteten Semmelbröseln bestreuen. Die Kirschen darauf verteilen und mit dem Zucker bestreuen. Die Strudel aufrollen und mit Butter bestrichen auf dem Blech 30–40 Minuten backen, nach der Hälfte der Zeit mit der übrigen Butter einpinseln. Etwas abgekühlt mit Staubzucker überpudern und mit Schlagobers servieren.

Zum Kaffee

Mohnstrudel

Wenn sich die Sommerfrüchte verabschieden, ist es Zeit für herbstliche Strudelfüllungen.

ZUBEREITUNG: 45 MINUTEN
BACKEN: 40 MINUTEN
ERGIBT 2 STRUDEL, 8–10 STÜCKE

Zutaten

Für den Teig

250 g Mehl | ½ TL Salz
2 EL neutrales Pflanzenöl | 1 Ei
1 EL Essig | Mehl zum Verarbeiten

Außerdem

150 g Mohn | 8 Eiklar
100 g Zucker | 4 Eidotter
50 g Butter | Staubzucker (nach Belieben)

Wie auf Seite 156 beschrieben aus den angegebenen Zutaten einen Strudelteig herstellen, zur Kugel formen, einölen und unter der warmen Schüssel 30 Minuten ruhen lassen.

Inzwischen den Mohn mahlen und in einer Pfanne bei schwacher Hitze unter gelegentlichem Rühren 5 Minuten rösten, abkühlen lassen. Die Eiklar zu Schnee schlagen, dabei nach und nach den Zucker einrieseln lassen. Zum Schluss die Eidotter und den Mohn unterrühren. Die Butter in einem Pfännchen zerlassen.

Den Backofen auf 180 °C vorheizen, ein Blech mit Backpapier belegen. Wie auf Seite 156 angegeben zwei Strudel ausziehen. Jeweils die Hälfte der Mohnmasse darauf verstreichen, dabei an einer Längsseite zwei Handbreit, an den Querseiten eine Handbreit frei lassen. Die Strudel aufrollen, aufs Blech legen und mit Butter einpinseln. Im heißen Ofen 30–40 Minuten backen, nach der Hälfte der Zeit mit der übrigen Butter bestreichen und vor dem Servieren nach Belieben mit Staubzucker überpudern.

Weintraubenstrudel

Ob weiße oder blaue Trauben ist Geschmackssache, aber kernlos sollten sie sein.

ZUBEREITUNG: 45 MINUTEN
BACKEN: 40 MINUTEN
ERGIBT 2 STRUDEL, 8–10 STÜCKE

Zutaten

Für den Teig

250 g Mehl | ½ TL Salz
2 EL neutrales Pflanzenöl | 1 Ei
1 EL Essig | Mehl zum Verarbeiten

Außerdem

120 g Marzipan | 1,5 kg kernlose Trauben
100 g Butter | 100 g Semmelbrösel
Staubzucker (nach Belieben)

Wie auf Seite 156 beschrieben aus den angegebenen Zutaten einen Strudelteig herstellen, zur Kugel formen, einölen und unter der warmen Schüssel 30 Minuten ruhen lassen.

Inzwischen das Marzipan ins Gefrierfach legen. Die Trauben waschen, abtropfen lassen und von den Stielen zupfen. Die Hälfte der Butter in einer Pfanne zerlassen und die Semmelbrösel darin rösten. Die übrige Butter in einem Pfännchen schmelzen.

Den Backofen auf 180 °C vorheizen, ein Blech mit Backpapier belegen. Wie auf Seite 156 angegeben zwei Strudel ausziehen, mit zerlassener Butter einpinseln, mit den gerösteten Butterbröseln bestreuen und die Trauben darauf verteilen. Das eiskalte Marzipan grob darüberraspeln. Die Strudel aufrollen, aufs Backblech legen und mit zerlassener Butter einpinseln. Im heißen Ofen 30–40 Minuten backen, nach der Hälfte der Zeit noch einmal mit der übrigen Butter einpinseln und vor dem Servieren nach Belieben mit Staubzucker überpudern.

Zum Kaffee

Millirahmstrudel

Eigentlich ist dies eine veritable, sättigende Mehlspeise, ein kleines Stück davon mundet aber auch zum Nachmittagskaffee.

ZUBEREITUNG: 1 STUNDE
BACKEN: 40 MINUTEN
ERGIBT 2 STRUDEL, 8–10 STÜCKE

Zutaten

Für den Teig

250 g Mehl | ½ TL Salz
2 EL neutrales Pflanzenöl
1 Ei | 1 EL Essig
Mehl zum Verarbeiten

Für die Füllung

5 altbackene Semmeln
500 ml Milch | 3 Eier | 120 g weiche Butter
80 g Zucker | 1 EL Vanillezucker
abgeriebene Schale von 1 unbehandelten Zitrone
250 ml Obers

Außerdem

eventuell noch etwas Milch
2 EL Zucker | 1 Vanilleschote
Staubzucker (nach Belieben)

Wie auf Seite 156 beschrieben aus den angegebenen Zutaten einen Strudelteig herstellen, zur Kugel formen, einölen und unter der warmen Schüssel 30 Minuten ruhen lassen.

Inzwischen die Semmeln sorgfältig entrinden und 30 Minuten in der Milch einweichen, dann gut ausdrücken (die Milch aufbewahren) und durch ein Sieb passieren.

Die Eier trennen. 80 Gramm Butter mit der Hälfte des Zuckers und dem Vanillezucker schaumig schlagen. Die Semmelmasse, die Zitronenschale, die Eidotter und das Obers unterrühren. Die Eiklar zu Schnee schlagen, dabei den übrigen Zucker einrieseln lassen. Unter die Semmelmasse ziehen. Die restliche Butter in einem Pfännchen zerlassen.

Den Backofen auf 180 °C vorheizen. Eine ofenfeste Form, in der zwei Strudel nebeneinander Platz haben, mit geschmolzener Butter ausstreichen. Wie auf Seite 156 angegeben zwei Strudel ausziehen und mit zerlassener Butter einpinseln. Die Füllung darauf verteilen und die Strudel aufrollen. In die Form legen, mit Butter einpinseln und im Ofen 25 Minuten backen.

Die ausgedrückte Milch falls nötig zu 250 Millilitern ergänzen. Mit dem Zucker und dem ausgekratzten Mark der Vanilleschote einmal aufkochen lassen, dann über die Strudel gießen und diese weitere 10–15 Minuten backen, bis sie die gesamte Flüssigkeit aufgesogen haben. Herausnehmen und nach Belieben mit Staubzucker überpudern.

Zum Kaffee

Zwetschkenrohrnudeln

Zuallererst: Heizung an und Türen und Fenster zu! So mag es Hefeteig am liebsten.

ZUBEREITUNG: 30 MINUTEN
GEHEN: 1 STUNDE 10 MINUTEN
BACKEN: 45 MINUTEN
ERGIBT 12 STÜCK

Zutaten

500 g Mehl | 250 ml lauwarme Milch
30 g frischer Germ | 4 EL Zucker | Salz
1 EL Vanillezucker | 80 g flüssige Butter
4 Eidotter | Mehl zum Verarbeiten
4 EL Butterschmalz | 12 Zwetschken
12 Stückchen Würfelzucker

Das Mehl in eine große Rührschüssel sieben, in die Mitte eine Mulde drücken. Milch, Germ und einen Esslöffel Zucker verrühren und in die Mulde gießen. Mit etwas Mehl bestreuen. Zugedeckt 15 Minuten gehen lassen.

Den übrigen Zucker, eine Prise Salz, den Vanillezucker, die Butter und die Eidotter mit dem Mehl und dem Dampfl verrühren. Den Teig 5 Minuten kräftig mit einem Holzlöffel schlagen. Zugedeckt weitere 45 Minuten gehen lassen.

Das Butterschmalz in einer ofenfesten Form zerlassen. Die Zwetschken entsteinen und mit Zuckerstückchen füllen. Den Teig kräftig durchkneten und in zwölf gleich große Stücke teilen. Diese zu Kreisen flach drücken, eine Zwetschke daraufgeben und den Teig darüber gut verschließen. Die Kugeln im flüssigen Butterschmalz wenden und mit etwas Abstand in die Formen geben. Zugedeckt weitere 10 Minuten gehen lassen.

Den Backofen auf 180 °C vorheizen. Die Nudeln im Ofen etwa 45 Minuten backen. Dann herausnehmen, auf ein Kuchengitter stürzen und lauwarm abgekühlt servieren.

Schneckennudeln

Sie schmecken nach Kindheit: nussig, leicht süß und einfach fabelhaft!

ZUBEREITUNG: 30 MINUTEN
GEHEN: 1 STUNDE 10 MINUTEN
BACKEN: 45 MINUTEN
ERGIBT 12 STÜCK

Zutaten

500 g Mehl | 250 ml lauwarme Milch
30 g frischer Germ | 4 EL Zucker | Salz
1 EL Vanillezucker | 80 g flüssige Butter
4 Eidotter | Mehl zum Verarbeiten
3 EL Sauerrahm | 200 g Haselnüsse
2 EL Zucker | 1 TL gemahlener Zimt
4 EL Butterschmalz | Staubzucker
(nach Belieben)

Wie bei den Zwetschkenrohrnudeln beschrieben das Mehl in eine Schüssel sieben und eine Mulde eindrücken. Aus Milch, Germ und einem Esslöffel Zucker ein Dampfl vorbereiten und 15 Minuten gehen lassen. Die übrigen Zutaten unterrühren, den Teig schlagen und dann mit etwas Mehl bestaubt zugedeckt 45 Minuten gehen lassen.

Das Butterschmalz in einer oder zwei ofenfesten Formen zerlassen. Den Teig erneut kräftig durchkneten und auf der bemehlten Arbeitsfläche zu einem großen Rechteck ausrollen. Mit dem Sauerrahm bestreichen. Nüsse, Zucker und Zimt mischen und darüberstreuen. Das Rechteck in zwölf Streifen schneiden und diese aufrollen. Jede Schnecke im Butterschmalz wenden und aufrecht mit etwas Abstand in die Form geben. Zugedeckt weitere 10 Minuten gehen lassen. Den Backofen auf 180 °C vorheizen.

Die Nudeln etwa 45 Minuten backen, herausnehmen, auf ein Kuchengitter stürzen und lauwarm abkühlen lassen. Nach Belieben mit ein wenig Staubzucker überpudern.

Zum Kaffee

Topfengolatschen

Die gefüllten Täschchen aus buttrigem Plunderteig schmecken frisch gebacken unvergleichlich!

ZUBEREITUNG: 1 STUNDE
GEHEN: 45 MINUTEN
BACKEN: 25 MINUTEN
ERGIBT 12 STÜCK

Zutaten

Für den Teig

400 g Mehl | 250 ml Milch
30 g Germ | 2 EL Zucker
1 EL Vanillezucker | Salz
40 g flüssige Butter | 2 Eidotter
150 g kalte Butter | 50 g Mehl
Mehl zum Verarbeiten

Für die Füllung

150 g Topfen | 1 Ei | 1 Eidotter
50 g weiche Butter | 2 EL Zucker
abgeriebene Schale von
1 unbehandelten Zitrone

Für die Glasur

4 EL Staubzucker | 4 EL Zitronensaft

Das Mehl in eine große Rührschüssel sieben, in die Mitte eine Mulde drücken. Die Milch lauwarm erhitzen, Germ und einen Esslöffel Zucker darin auflösen und in die Mulde gießen. Etwas Mehl vom Rand unterrühren und das Dampfl zugedeckt an einem warmen, zugluftfreien Ort 15 Minuten gehen lassen.

Den übrigen Zucker, den Vanillezucker, eine Prise Salz, die zerlassene Butter und die Eidotter hinzufügen und alles gut mit dem Mehl und dem Dampfl verrühren. Den Teig 5 Minuten kräftig mit einem Holzlöffel schlagen, bis er sich vom Schüsselrand löst, glänzt und Blasen wirft.

Die Teigkugel mit Mehl bestauben und zugedeckt 30 Minuten gehen lassen, bis sie ihr Volumen verdoppelt hat. Die kalte Butter mit dem Mehl verkneten und zu einem rechteckigen Ziegel von etwa einem Zentimeter Dicke formen.

Den Teig auf der bemehlten Arbeitsfläche – in der Mitte etwas dicker, an den Seiten etwas dünner – ausrollen. Den Butterziegel in die Mitte legen und den Teig von allen Seiten darüberschlagen. Zu einem Rechteck ausrollen, von zwei Seiten jeweils ein Drittel nach innen schlagen und den Teig an einem kühlen Ort 10 Minuten ruhen lassen. Den Teig wieder ausrollen, diesmal von den beiden anderen Seiten her einschlagen und erneut ruhen lassen. Noch einmal wiederholen.

Während der Ruhezeiten den Topfen für die Füllung ausdrücken und durch ein Sieb streichen. Das Ei trennen. Die beiden Eidotter mit der weichen Butter und einem Esslöffel Zucker schaumig schlagen. Den Topfen und die Zitronenschale unterrühren. Das Eiklar mit dem übrigen Zucker zu Schnee schlagen und unterheben.

Den Backofen auf 180 °C vorheizen, zwei Bleche mit Backpapier belegen. Den Teig zu einem großen Rechteck von etwa 36 × 48 Zentimeter ausrollen und dieses in zwölf Quadrate schneiden. Jeweils mittig einen Esslöffel Füllung auf jedes Teigstück geben, die Ecken wie bei einem Briefumschlag darüber zur Mitte hin zusammenfalten und gut zusammendrücken. Die Golatschen mit etwas Abstand auf die vorbereiteten Bleche legen und im Ofen etwa 25 Minuten backen.

Für die Glasur den Staubzucker mit dem Zitronensaft verrühren. Die Topfengolatschen sofort nach dem Backen damit bestreichen.

▎ **VARIANTEN:** *Sie können die Golatschen auch mit* **Powidl** *(siehe Seite 151), mit ein wenig* **Rum** *oder Weißwein glatt gerührt, oder der* **Mohnfüllung** *von Seite 163 füllen.*

Zum Kaffee

Polsterzipfe

Ob frisch frittiert oder knusprig gebacken – Polsterzipfe sind eine beliebte Nascherei, deren Zutaten man meist im Haus hat.

ZUBEREITUNG: 1 STUNDE
RUHEN: 30 MINUTEN
ERGIBT ETWA 20 STÜCK

Zutaten

Für den Teig

250 g Mehl | 2 EL Staubzucker | Salz
3 Eidotter | 2 EL Sauerrahm
½ TL abgeriebene Schale von
1 unbehandelten Zitrone

Außerdem

Mehl für die Arbeitsfläche
etwa 120 g Ribiselmarmelade
(siehe Seite 151)
1 Eiklar zum Bestreichen
750 ml neutrales Pflanzenöl
zum Frittieren
Staubzucker zum Bestreuen

Das Mehl auf die Arbeitsfläche sieben. Den Staubzucker und eine Prise Salz dazugeben. Die Eidotter, den Sauerrahm und die Zitronenschale hinzufügen und alles zu einem glatten Teig verkneten. Zugedeckt 30 Minuten kalt stellen.

Den Teig auf der bemehlten Arbeitsfläche etwa zwei Millimeter dick ausrollen und mit dem Teigrädchen Quadrate von etwa acht Zentimeter Seitenlänge ausradeln. Auf jedes Quadrat einen knappen Teelöffel Marmelade geben. Das Eiklar verquirlen und die Teigränder damit einpinseln. Die Ränder sorgfältig zusammendrücken, damit die Füllung beim Frittieren nicht herausquillt.

Das Öl in der Fritteuse oder einem weiten Topf erhitzen. Die Polsterzipfe portionsweise einlegen (jeweils vier oder fünf Stück) und unter gelegentlichem Wenden in 3–4 Minuten goldbraun frittieren. Mit dem Schaumlöffel herausheben und auf Küchenpapier abtropfen lassen. Mit Staubzucker bestreuen und heiß servieren.

▌ VARIANTEN: *In Wien gibt es unzählige Varianten für Polsterzipfe. Das fängt beim Teig an (Sie können auch den* **Plunderteig** *von Seite 169 oder den* **Topfenteig** *von Seite 116 verwenden), geht bei der Füllung weiter (auch* **Marillenmarmelade** *oder mit einem Schuss Rum oder Weißwein verrührter* **Powidl** *eignen sich, siehe Seite 151) und hört bei der Zubereitungsart auf.*

Wer Fettgebackenes nicht mag oder schlecht verträgt, legt die Polsterzipfe auf ein mit Backpapier belegtes Blech, verquirlt ein Eidotter mit einem Esslöffel Obers, bestreicht die Polsterzipfe damit und backt sie etwa 15 Minuten im auf 200 °C vorgeheizten Ofen.

Wiener Faschingskrapfen

Frisch gebacken schmecken sie einfach wunderbar! Was nicht gleich verzehrt wird, also nicht aufheben, sondern besser verschenken.

ZUBEREITUNG: 1 ½ STUNDEN
ERGIBT ETWA 30 STÜCK

Zutaten

Für den Teig
500 g Mehl | 250 ml Milch
1 Würfel frischer Germ | 3 EL Zucker
5 Eidotter | 100 g Butter
Salz | 1 EL Rum
abgeriebene Schale von
1 unbehandelten Zitrone
Mehl für die Arbeitsfläche

Außerdem
1 l neutrales Pflanzenöl
2 EL Butterschmalz
300 g Marillenmarmelade
Staubzucker

Das Mehl in eine große Rührschüssel sieben, in die Mitte eine Mulde drücken. Die Milch lauwarm erhitzen, den Germ und einen Esslöffel Zucker darin auflösen und in die Mulde gießen. Etwas Mehl vom Rand unterrühren und das Dampfl zugedeckt an einem warmen, zugluftfreien Ort 15 Minuten gehen lassen.

Inzwischen die Eidotter mit dem übrigen Zucker über dem heißen Wasserbad schaumig aufschlagen. Die Butter zerlassen und mit einer Prise Salz, dem Rum und der Zitronenschale unterrühren. Die Mischung zum Mehl und dem Dampfl geben und gut unterrühren. Den Teig 5 Minuten kräftig mit einem Holzlöffel schlagen, bis er sich vom Schüsselrand löst, glänzt und Blasen wirft. Dann auf die bemehlte Arbeitsfläche geben und zugedeckt 6–8 Minuten ruhen lassen.

Anschließend den Teig ohne Druck mit dem Nudelholz etwa einen Zentimeter dick ausrollen. Kreise von fünf bis sechs Zentimetern Durchmesser ausstechen. Zugedeckt etwa 15 Minuten gehen lassen, bis sie ihr Volumen verdoppelt haben.

Das Öl mit dem Butterschmalz in der Fritteuse oder einem weiten Topf erhitzen. Es ist heiß genug, wenn an einem Holzstäbchen sofort viele kleine Bläschen hochsteigen. Dann jeweils vier oder fünf Krapfen umgedreht, also mit der gewölbten Oberseite nach unten, einlegen und bei mittlerer Hitze in 3–4 Minuten ausbacken, bis die Unterseite schön goldbraun ist; wenden und auf der anderen Seite in weiteren 3–4 Minuten ebenfalls braun werden lassen. Mit einem Schaumlöffel herausheben und zum Abtropfen auf Küchenpapier legen.

Wenn die Krapfen lauwarm abgekühlt sind, die Marillenmarmelade in eine Spritztüte mit schmaler Tülle füllen, diese von der Seite bis in die Mitte der Krapfen stechen und diese füllen. Mit Staubzucker überpudert servieren.

▋ TIPPS: *Achten Sie darauf, dass die Küche warm und nicht zugig, die Schüssel gut vorgewärmt und alle Zutaten raumtemperiert sind, dann gelingen die Krapfen am besten.*

In früheren Zeiten hat man sie in **Schweineschmalz** *ausgebacken, ich bevorzuge Öl mit ein wenig Butterschmalz für den Geschmack. Das Frittierfett können Sie übrigens ein- bis zweimal wiederverwenden: Einfach nach dem Abkühlen durch ein feines Sieb gießen und im Kühlschrank aufbewahren.*

Schlosserbuben und Wäschermadeln

Statt einer Tasse Kaffee passt auch ein Gläschen Marillenlikör zu den feinen Früchtchen in zartem Weißweinteig.

ZUBEREITUNG: 40 MINUTEN
ERGIBT JE 12 STÜCK

Zutaten

Für den Ausbackteig

250 g Mehl | 2 EL Zucker | Salz
150 ml Weißwein | 2 Eiklar

Für die Schlosserbuben

15 weiche Dörrzwetschken
15 gehäutete Mandeln
80 g geriebene Schokolade
2 EL Staubzucker

Für die Wäschermadeln

15 reife Marillen
150 g Marzipan
100 g geriebene Mandeln
2 EL Staubzucker

Außerdem

750 ml neutrales Pflanzenöl zum Frittieren

Für den Teig das Mehl in eine Schüssel sieben, Zucker und eine Prise Salz hinzufügen. Den Wein nach und nach mit dem Schneebesen unterrühren, bis ein glatter Teig entsteht. 20 Minuten zugedeckt quellen lassen.

Für die Schlosserbuben die Dörrzwetschken entkernen und stattdessen mit einer Mandel füllen. Die geriebene Schokolade und den Staubzucker mischen. Für die Wäschermadeln die Marillen waschen, abtrocknen und zum Entsteinen so halbieren, dass die Hälften noch gut zusammenhalten. Das Marzipan zu kleinen Kugeln formen und anstelle des Kerns in die Marillen drücken. Die geriebenen Mandeln in einem Pfännchen bei schwacher Hitze leicht rösten. Abgekühlt mit dem Staubzucker mischen.

Das Öl in der Fritteuse oder einem weiten Topf erhitzen. Die Eiklar zu Schnee schlagen und unter den Teig ziehen. Die gefüllten Dörrzwetschken und Marillen nacheinander in den Ausbackteig tauchen und portionsweise 3–4 Minuten im heißen Öl frittieren. Mit dem Schaumlöffel herausheben und kurz auf Küchenpapier abtropfen lassen. Die Schlosserbuben noch warm in der Schokoladenmischung, die Wäschermadeln in dem Mandelzucker wälzen.

▌ TIPP: *Wenn die Dörrzwetschken hart und zäh sind, sollten Sie sie vorher 2–3 Stunden in Wasser oder, noch besser, in Süßwein einweichen.*

▌ VARIANTE: *Wer keinen Wein für den Ausbackteig verwenden möchte, verrührt das Mehl mit Zucker, Salz, zwei Eidottern und 125 Milliliter Milch und zieht ebenfalls kurz vor dem Ausbacken den Schnee von zwei Eiklar unter.*

Zum Kaffee

Cremeschnitten

Man kann den Kuchen auch aus der Form stürzen und erst dann mit Glasur bestreichen.

ZUBEREITUNG: 45 MINUTEN
KÜHLEN: 2 STUNDEN
ERGIBT 8–10 STÜCKE

Zutaten

300 g TK-Blätterteig | 4 Eidotter
120 g Zucker | 4 EL Speisestärke
500 ml Milch | 1 Vanilleschote
200 g Obers | 2 EL Ribiselmarmelade
100 g Staubzucker | 1 EL Zitronensaft
Mehl für die Arbeitsfläche

Den Ofen auf 200 °C vorheizen, ein Blech mit Backpapier belegen. Die Teigblätter auftauen lassen, übereinanderlegen und etwa 20 × 30 Zentimeter groß ausrollen. Auf das Blech legen und mit einer Gabel Löcher einstechen. Etwa 12 Minuten backen und abkühlen lassen, dann zwei Streifen in Länge und Breite Ihrer Kastenform ausschneiden.

Eidotter und Zucker schaumig schlagen. Die Speisestärke unterrühren. Die Milch aufkochen und unter Rühren zur Dottercreme geben. Zurück in den Topf gießen. Die Vanilleschote aufschneiden, das Mark auskratzen und samt Schote dazugeben. Einige Minuten unter Rühren kochen lassen. Vom Herd nehmen und kalt rühren, die Vanilleschote entfernen. Für 1 Stunde kalt stellen.

Das Obers steif schlagen und unter die Vanillecreme ziehen. Einen Blätterteigstreifen dünn mit Ribiselmarmelade bestreichen und in die Kastenform legen. Die Creme darauf verteilen. Den zweiten Teigstreifen mit Marmelade bestreichen und umgekehrt auf die Creme drücken. Staubzucker mit Zitronensaft und ein bis zwei Esslöffeln kaltem Wasser verrühren und die Oberfläche damit überziehen. Für 1 Stunde kalt stellen. Mit einem scharfen Messer in Schnitten teilen.

Rhabarbertörtchen

Fruchtige Säure und feine Süße verbinden sich hier zu perfekter Harmonie.

ZUBEREITUNG: 1 STUNDE
KÜHLEN: 1 STUNDE
BACKEN: 25 MINUTEN
FÜR 8 TORTELETTFÖRMCHEN

Zutaten

360 g Mehl | 60 g Staubzucker
2 Eier | 2 Eidotter | Salz | 200 g kalte Butter
Mehl für die Arbeitsfläche
Butter und Mehl für die Förmchen
500 g Rhabarber | 4 EL Zucker | 2 Eier
2 Eidotter | 1 Vanilleschote | 120 g Obers

Mehl und Staubzucker auf die Arbeitsfläche sieben und in die Mitte eine Mulde drücken. Eier, Eidotter und eine Prise Salz hinzufügen. Die Butter klein würfeln, dazugeben und alles rasch zu einem glatten Teig verkneten. In Frischhaltefolie gewickelt 1 Stunde im Kühlschrank ruhen lassen.

Inzwischen den Rhabarber waschen, putzen und klein schneiden. In einem Topf mit zwei Esslöffeln Zucker bestreut 10 Minuten Saft ziehen lassen. Dann kurz aufkochen, vom Herd nehmen und abkühlen lassen. In ein Sieb geben.

Den Backofen auf 180 °C vorheizen. Die Förmchen buttern und mit Mehl bestauben. Den Teig ausrollen, mit den Förmchen Kreise ausstechen und diese in die Formen drücken. Mit einer Gabel einstechen und 10 Minuten vorbacken.

Inzwischen die Eier und Eidotter mit dem übrigen Zucker und dem ausgekratzten Vanillemark in einem Becher mit Ausgießer verrühren, bis der Zucker sich gelöst hat. Das Obers unterrühren. Die Törtchen aus dem Ofen nehmen, den Rhabarber darauf verteilen und die Eiermasse darübergießen. In etwa 15 Minuten fertig backen.

Zum Kaffee

Esterházy-Schnitten

So perfekt wie die Konditoren des Wiener Café Oberlaa werden Sie und ich die Schnitten nicht hinbekommen (siehe Bild), schmecken tun die selbst gebackenen aber ebenfalls fabelhaft!

ZUBEREITUNG: 1 STUNDE
KÜHLEN: 2 STUNDEN
ERGIBT 12 STÜCKE

Zutaten

Für die Baisermasse

6 Eiklar | 120 g Zucker
1 Päckchen Vanillezucker
120 g geriebene Haselnüsse
2 EL Staubzucker

Für die Creme

2 Blatt Gelatine | 250 ml Milch
4 EL Zucker | 6 Eidotter | Salz
80 g weiche Butter | 50 g Nugat
Kakaopulver zum Bestauben

Den Backofen auf 200 °C vorheizen, ein Blech mit Backpapier belegen. Die Eiklar zu Schnee schlagen, dabei langsam den Zucker und den Vanillezucker einrieseln lassen. Die Nüsse unterziehen. Die Masse etwa fünf Millimeter dick auf das Blech streichen und in 8–10 Minuten braun backen. Die Arbeitsfläche mit Staubzucker bestreuen, den heißen Baiser daraufstürzen und das Backpapier abziehen. Abkühlen lassen.

Inzwischen für die Creme die Gelatine in kaltem Wasser einweichen. Milch, Zucker, Eidotter und eine Prise Salz über dem heißen Wasserbad dickschaumig aufschlagen. Die Gelatine ausdrücken und in der Creme auflösen. Aus dem Wasserbad nehmen und 5 Minuten unter Rühren abkühlen lassen. Kalt stellen.

Die Butter cremig rühren. Den Nugat schmelzen und untermischen. Die abgekühlte Milchcreme unterziehen. Den Baiser in etwa sieben Zentimeter breite gleich große Streifen schneiden, diese dünn mit Creme bestreichen und alle aufeinandersetzen; mit der übrigen Creme umhüllen und für 2 Stunden kalt stellen. Die Oberfläche mit Kakao bestauben und die Streifen in zwölf Schnitten teilen.

▌ **TIPP:** *Die Fondantglasur wie auf dem Bild hinzubekommen, ist nicht ganz leicht. Mit (ungesüßtem) Kakaopulver bestaubt schmecken die Schnitten ebenfalls fein und sind nicht ganz so süß!*

Biskuitroulade

Zarter Biskuit, gefüllt mit Schlagobers und aromatischen Erdbeeren – im Sommer einfach ein Muss auf der Kaffeetafel.

ZUBEREITUNG: 1 STUNDE
ERGIBT 12 STÜCKE

Zutaten

Für den Teig

4 Eier | 1 Vanilleschote | Salz
150 g Zucker
60 g Mehl | 60 g Speisestärke
1 TL Backpulver
2 EL Zucker zum Aufrollen

Für die Füllung

600 g Erdbeeren | 600 g Obers
1 EL Vanillezucker | 1 EL Sahnesteif

Den Backofen auf 200 °C vorheizen, ein Blech mit Backpapier belegen. Die Eier mit dem ausgekratzten Mark der Vanilleschote, einer Prise Salz und drei Esslöffeln kaltem Wasser cremig aufschlagen. Nach und nach den Zucker einrieseln lassen und weiterschlagen, bis er sich aufgelöst hat. Mehl, Speisestärke und Backpulver mischen, daraufsieben und sorgfältig unterheben. Den Teig gleichmäßig auf dem Blech verstreichen und im Backofen in 15–18 Minuten goldbraun backen.

Ein Stoffküchentuch auf der Arbeitsfläche ausbreiten und mit den zwei Esslöffeln Zucker bestreuen. Die heiße Biskuitplatte daraufstürzen, die Teigränder rasch abschneiden und den Biskuit samt dem Tuch aufrollen. Auskühlen lassen.

Inzwischen die Erdbeeren waschen und auf Küchenpapier abtropfen lassen. Ein paar besonders schöne Exemplare für die Dekoration beiseitelegen, die übrigen entkelchen und klein schneiden. Das Obers mit dem Vanillezucker und dem Sahnesteif luftig aufschlagen.

Den Teigboden vorsichtig entrollen und mit zwei Dritteln des Schlagobers bestreichen, dabei an den Seiten einige Zentimeter frei lassen. Die Erdbeerstückchen darauf verteilen und die Roulade wieder aufrollen. Auf eine längliche Servierplatte heben, rundherum mit dem übrigen Schlagobers bestreichen und mit einem Löffelrücken dekorative Dellen eindrücken. Die zurückgelegten Erdbeeren samt Kelchblättern längs halbieren und die Roulade damit dekorieren.

▍ **TIPP:** *Wer die Füllung gerne richtig süß mag, bestreut die klein geschnittenen Erdbeeren mit ein wenig Zucker und schlägt auch das Schlagobers mit ein bis zwei Esslöffeln Zucker auf.*

▍ **VARIANTE:** *Mindestens genauso gern mag ich diese Biskuitroulade mit der **Marillenfüllung** meiner Tante Liselotte: Den Biskuit wie beschrieben backen, auf das mit Zucker bestreute Tuch stürzen und aufrollen. Für die Füllung 250 Gramm Obers mit einem Teelöffel löslichem Espressopulver steif schlagen. 400 Gramm reife Marillen waschen, entsteinen und klein schneiden. Den entrollten Biskuit erst mit etwa vier Esslöffeln Marillenmarmelade, dann mit dem Schlagobers bestreichen und die Marillenstückchen darauf verteilen. Aufrollen, auf eine Platte heben und mit Staubzucker überpudern.*

Linzer Torte

Zimt und Nelken verleihen dem feinen Mandelmürbeteig seine besondere Würze.

ZUBEREITUNG: 30 MINUTEN
KÜHLEN: 1 STUNDE
BACKEN: 40 MINUTEN
ERGIBT 12 STÜCKE

Zutaten

Für den Teig

150 g Mehl | 100 g geriebene Mandeln
150 g Staubzucker
1 frischer und 2 hart gekochte Eidotter
Saft und abgeriebene Schale von
1 unbehandelten Zitrone
Salz | ¼ TL gemahlener Zimt
1 Msp. gemahlene Gewürznelken
150 g kalte Butter
Mehl für die Arbeitsfläche
Butter und Mehl für die Form

Für den Belag

250 g Himbeermarmelade
1 Eidotter

Das Mehl auf die Arbeitsfläche sieben. Die geriebenen Mandeln und den Staubzucker untermischen. Den frischen und die zerbröselten gekochten Eidotter dazugeben. Zitronensaft und -schale, eine Prise Salz und die Gewürze hinzufügen. Die Butter klein würfeln, dazugeben und alles rasch zu einem glatten Teig verkneten. In Folie gewickelt für 1 Stunde kalt stellen.

Den Backofen auf 180 °C vorheizen. Eine Springform von 26 Zentimeter Durchmesser buttern und mit Mehl bestauben. Zwei Drittel des Teigs auf der bemehlten Arbeitsfläche etwas größer als die Form ausrollen, in die Form legen und einen zentimeterhohen Rand formen. Den Teigboden mit der Marmelade bestreichen.

Den übrigen Teig ausrollen, mit dem Teigrädchen knapp einen Zentimeter breite Streifen ausradeln und damit über der Marmelade ein Teiggitter auflegen. Das Gitter mit Eidotter bepinseln. Die Linzer Torte im heißen Ofen 35–40 Minuten backen. Herausnehmen und in der Form vollständig auskühlen lassen.

▎ **TIPPS:** *Wenn Sie die Linzer Torte 24 Stunden ruhen lassen, lässt sie sich besser schneiden.*

Sie können sie auch wie Weihnachtsplätzchen **in einer Blechdose** *über Wochen* **aufbewahren.** *Die Marmelade verliert zwar ein wenig an Glanz, vom Geschmack her aber wird der Kuchen meiner Meinung nach sogar noch besser!*

▎ **VARIANTE:** *Wer es nicht ganz so süß liebt, verwendet statt Himbeer- Ribiselmarmelade (siehe Seite 151 oder fertig gekauft).*

[handwritten note: mehr Butter & weniger Backzeit (ca. 15min)]

Marmorgugelhupf

Der Klassiker besticht durch seine wunderbare Form und ist beliebt wie eh und je.

ZUBEREITUNG: 25 MINUTEN
BACKEN: 1 STUNDE
FÜR 1 KLEINE FORM MIT 20 CM Ø
ERGIBT 10 STÜCKE

Zutaten

Für den Teig

100 g weiche Butter | 140 g Zucker
3 Eier | abgeriebene Schale von
1 unbehandelten Zitrone
Salz | 280 g Mehl
1 Päckchen Backpulver
125 ml Milch | 1 TL Kakaopulver

Außerdem

Butter und Mehl für die Form
Staubzucker

Den Backofen auf 180 °C vorheizen. Eine Gugelhupfform von 20 Zentimeter Durchmesser sorgfältig mit Butter ausstreichen und mit Mehl bestauben.

Die Butter in einer Rührschüssel mit 100 Gramm Zucker schaumig rühren, bis dieser sich gelöst hat. Die Eier trennen, die Eidotter mit der Zitronenschale unter die Buttercreme rühren. Die Eiklar mit dem übrigen Zucker und einer Prise Salz zu steifem Schnee schlagen. Den Eischnee sorgfältig unterheben.

Mehl und Backpulver mischen, auf den Teig sieben und unterziehen, dabei nach und nach die Milch hinzufügen. Die Hälfte des Teigs in die Form füllen. Das Kakaopulver unter den übrigen Teig rühren, diesen in die Form geben und mit einer Gabel spiralförmig unter den hellen Teig ziehen, um das charakteristische Muster zu erzielen.

Auf der mittleren Einschubleiste auf das Backofengitter stellen und etwa 1 Stunde backen (siehe Tipp). Den Gugelhupf herausnehmen und sofort auf ein Kuchengitter stürzen. Abgekühlt dick mit Staubzucker überpudern.

▎**BACKTIPPS:** *Wiener Hausfrauen schwören darauf, die Backofentür in den ersten 15 Minuten einen Spaltbreit offen zu halten (einfach einen Kochlöffel dazwischenklemmen). Wenn der Teig sich in der Form schön gehoben hat, die Backofentür schließen und bis zum Ende der Backzeit nicht mehr öffnen. Zur Garprobe mit einem Holzstäbchen einstechen, das beim Rausziehen ganz trocken sein muss. Wenn noch ein wenig Teig daran klebt, den Kuchen weitere 5–10 Minuten backen.*

Für eine große Gugelhupfform die Teigmenge verdoppeln und den Kuchen etwa 75 Minuten backen.

Zum Kaffee

Sachertorte

Das Originalrezept des Wiener Hofbäckers Franz Sacher aus dem Jahr 1832 ist ein wohlbehütetes Geheimnis; die Torte nach diesem Rezept schmeckt aber ebenfalls fein.

ZUBEREITUNG: 45 MINUTEN
BACKEN: 50 MINUTEN
ERGIBT 12 STÜCKE

Zutaten

Für den Teig

8 Eier | 140 g weiche Butter
140 g Zucker
80 g Bitterschokolade
(mind. 70 % Kakaoanteil)
100 g Mehl | ½ Päckchen Backpulver

Für Füllung und Überzug

150 g Marillenmarmelade
200 g dunkle Kuvertüre
50 g Staubzucker
1 EL neutrales Pflanzenöl

Außerdem

Butter und Mehl für die Form

Den Backofen auf 180 °C vorheizen. Eine Springform mit 26 Zentimeter Durchmesser mit Butter ausstreichen und mit Mehl bestauben.

Die Eier trennen. Die Butter mit der Hälfte des Zuckers schaumig rühren, dabei nach und nach die Eidotter hinzufügen. Die Schokolade schmelzen und unterrühren. Das Mehl mit dem Backpulver mischen und unterziehen. Die Eiklar steif schlagen, dabei nach und nach den übrigen Zucker einrieseln lassen. Den Eischnee sorgfältig unterheben. Den Teig in die Form füllen, glatt streichen und im heißen Ofen etwa 50 Minuten backen. Herausnehmen und in der Form vollständig auskühlen lassen.

Den Kuchen aus der Form lösen und quer halbieren. Falls sich die Oberfläche stark wölbt, diese eventuell vorher oben gerade schneiden. Die Marmelade leicht anwärmen und den Boden mit knapp der Hälfte davon bestreichen. Den zweiten Teigboden daraufsetzen und diesen und den Tortenrand mit der übrigen Marmelade bestreichen.

Die Kuvertüre hacken und im heißen Wasserbad schmelzen. Den Staubzucker mit zwei Esslöffeln Wasser in einem Topf verrühren, bis dieser sich aufgelöst hat. Einmal aufkochen lassen, dann vom Herd nehmen. Geschmolzene Kuvertüre und Öl unter den Zuckersirup rühren und unter Rühren lauwarm abkühlen lassen. Den Schokoladenguss so über die Torte gießen, dass auch die Ränder ganz von der Glasur umhüllt sind. Trocknen lassen. Wer mag, kann vor dem vollständigen Erkalten der Glasur die Tortenstücke durch Einkerben mit einem angewärmten Messer markieren.

▎ **VARIANTE:** *Statt Mehl können Sie auch Semmel- oder trockene Biskuitbrösel verwenden.*

▎ **TIPP:** *Wie man die Sachertorte gekonnt mit Schokolade überzieht, zeigt Ihnen der Konditor des Café Demel auf dem Bild auf Seite 192. Das Geheimnis des unvergleichlich glänzenden Schmelzes ist reichlich dickflüssige Schokolade, die üppig darübergegossen und nicht verstrichen wird. Den Überschuss können Sie, sobald er erkaltet ist, von der Arbeitsfläche kratzen und wiederverwenden.*

Glossar

B

Beiried: Lendenschnitte

Beuschel: Gericht aus Lunge und Herz

Blaukraut: Rotkraut, Rotkohl

Blunzen: Blutwurst

D

Dampfl: Hefevorteig

Dörrzwetschke: Backpflaume

E

Erdapfel: Kartoffel; mehlige steht für mehligkochende, speckige für festkochende Sorten

Eierschwammerl: Pfifferling

Eidotter: Eigelb

Eiernockerln: Eierspätzle

Eiklar: Eiweiß

F

Faschiertes: Hackfleisch

Fleckerln: in kleine Quadrate oder Rauten geschnittene frische Nudeln

Frankfurter (Würstchen): Wiener Würstchen

Frittaten: in Streifen geschnittene salzige Palatschinken als Suppeneinlage

G

Gelbe Rübe: Karotte

Germ: Hefe

Germknödel: in Salzwasser gekochter gefüllter Hefekloß

Germteig: Hefeteig

Golatschen (auch Kolatschen): gefüllte Hefeteigtaschen

Grüner Salat: Blattsalat, Kopfsalat

H

Häuptlsalat: Kopfsalat

Hendl: Hähnchen, Hühnchen

K

Kalbsvögerl: Ausgelöste Stelze (Kalbswade); auch kleine Kalbsrouladen

Kanarimilch: dickschaumig aufgeschlagene Vanillesauce

Knödel: Kloß

Koch: Brei oder im Wasserbad gar gezogener Pudding

Kraut: Kohl

Kren: Meerrettich

L

Lungenbraten: Filet oder Lende

M

Marille: Aprikose

Maroni: Marone, Esskastanie

N

Nockerln: Spätzle, Klößchen

O

Obers: Sahne

P

Palatschinken: Pfannkuchen, Eierkuchen

Paradeiser: Tomate

Paradeissauce: Tomatensauce

Petersil: Petersilie

Petersilerdäpfel: in Butter und gehackter Petersilie geschwenkte Salzkartoffeln

Polsterzipf: Fettgebackenes mit Marmeladenfüllung

Porree: Lauch

Powidl: Pflaumenmus

R

Rammerl: Kruste

Reindl: Kasserolle oder Bräter

Ribisel: Johannisbeere

Ribiselsaft: Johannisbeersaft

Röster: Gedünstetes Obst, Kompott

S

Sauerrahm: Saure Sahne

Schlagobers: Schlagsahne

Schöberl: gesalzene Biskuitrauten als Suppeneinlage

Schwammerl: Pilz

Semmel: Brötchen

Semmelbrösel: Geriebene trockene Brötchen

Staubzucker: Puderzucker

Sulz: Sülze

T

Topfen: Quark

V

Vogerlsalat: Rapunzel- oder Feldsalat

W

Weichsel: Sauerkirsche

Weißkraut: Weißkohl

Z

Zwetschke: Zwetschge, Zwetsche

Register

A

Adjutantenrouladen 87
Ausgezogener Apfelstrudel 156
Äpfel
   Ausgezogener Apfelstrudel 156
   Karamellisierter Apfelschmarrn 141
   Scheiterhaufen mit Himbeersauce 136

B

Bachsaibling im Pergament 81
Backhendlsalat mit Kernöl 77
Beinfleisch mit Cremespinat 61
Birnen
   Palatschinken mit Birne und
   Kürbiskernkrokant 113
   Topfen-Birnen-Strudel 159
   Biskuitroulade 181
Blaubeeren, Topfenschmarrn mit Beeren 145
Blaukraut, Martinigansl mit Maroni-Blaukraut 104
Blunzengröstl 43
Blutwurst, Blunzengröstl 43
Brombeeren, Topfenschmarrn mit Beeren 145
Buchteln
   Dukatenbuchteln 127
   Gefüllte Buchteln mit Kanarimilch 127
Butternockerln, Kalbsrahmgulasch mit Butternockerln 55

C | D

Cremeschnitten 177
Dörrzwetschken, Schlosserbuben 175
Dukatenbuchteln 127

E

Eiernockerln mit grünem Salat 44
Eierschwammerlgulasch mit Semmelknödeln 49
Erdäpfel
   Backhendlsalat mit Kernöl 77
   Blunzengröstl 43
   Erdäpfelgulasch 50
   Erdäpfel-Petersil-Püree 81
   Geröstete Erdäpfelscheiben 90
   Herrengröstl 41
   Mohnnudeln 121
   Petersilerdäpfel 89
   Pichelsteiner 50
   Powidltascherl 122
   Rehrückenfilet mit Erdäpfel-Sellerie-Püree 103
   Steirisches Wurzelfleisch 63
   Tafelspitz mit Apfelkren, Schnittlauchsauce und Rösterdäpfeln 97
   Tiroler Gröstl 70
   Wiener Erdäpfelsuppe 27
   Wiener Schnitzel mit Erdäpfelsalat 85
   Zwetschkenknödel 119

Erdbeeren
   Biskuitroulade 181
   Mandelkoch mit Erdbeerragout 135
Esterházy-Rostbraten 93
Esterházy-Schnitten 178

F

Fiakergulasch 58
Fisch
   Bachsaibling im Pergament 81
   Hechtnockerln auf Blattspinat 79
   Räucherforelle auf Rahmgurken 75
Frankfurter Würstel, Fiakergulasch 58
Frittatensuppe 23

G

Gans, Martinigansl mit Maroni-Blaukraut 104
Gebackenes Lamm 101
Gefüllte Buchteln mit Kanarimilch 127
Gefüllte Paprika mit Paradeissauce 47
Germ
   Dukatenbuchteln 127
   Gefüllte Buchteln mit Kanarimilch 127
   Germknödel 125
   Schneckennudeln 167
   Topfengolatschen 169
   Wiener Faschingskrapfen 173
   Zwetschkenrohrnudeln 167
Geschmorte Kalbsvögerl 87
Golatschen, Topfengolatschen 169
Grießnockerlsuppe 21
Grießschmarrn mit Ribiselsauce 143
Gröstl
   Blunzengröstl 43
   Herrengröstl 70
   Tiroler Gröstl 70
Gugelhupf, Marmorgugelhupf 185
Gulasch
   Eierschwammerlgulasch mit Semmelknödeln 49
   Erdäpfelgulasch 50
   Fiakergulasch 58
   Kalbsrahmgulasch mit Butternockerln 55
   Pichelsteiner 50
   Saftgulasch 57
   Szegediner Gulasch 57

H

Haselnüsse
   Schoko-Nuss-Palatschinken 115
   Zwetschkenknödel 119
Hechtnockerln auf Blattspinat 79
Hendl
   Backhendlsalat mit Kernöl 77
   Paprikahendl 65
   Wiener Backhendl 66
Herrengröstl 70
Himbeeren
   Linzer Torte 183

Scheiterhaufen mit Himbeersauce 136
Topfenschmarrn mit Beeren 145

K

Kaiserschmarrn 139
Kaiserschöberlsuppe 21
Kalbfleisch
  Geschmorte Kalbsvögerl 87
  Herrengröstl 70
  Kalbslungenbraten mit Spargel 89
  Kalbsrahmgulasch mit Butternockerln 55
  Pichelsteiner 50
  Wiener Schnitzel mit Erdäpfelsalat 85
Kalbsbeuschel, Salonbeuschel 53
Kalbsherz, Salonbeuschel 53
Kalbsnierndln, Saure Nierndln 53
Kanarimilch, Gefüllte Buchteln mit Kanarimilch 127
Karamellisierter Apfelschmarrn 141
Kasnudeln, Kärntner Kasnudeln 39
Kipferlschmarrn, Wiener Kipferlschmarrn 146
Kirschstrudel 161
Knödel
  Germknödel 125
  Marillenknödel 116
  Rotweinbraten mit böhmischen Knödeln 95
  Schweinsbraten mit Serviettenknödel 98
  Topfenknödel mit Walnussbröseln 121
  Zwetschkenknödel 119
Krapfen, Wiener Faschingskrapfen 173
Krautfleckerln 36
Kren, Tafelspitz mit Apfelkren, Schnittlauchsauce und Rösterdäpfeln 97
Kürbiscremesuppe 30
Kürbiskerne, Palatschinken mit Birne und Kürbiskernkrokant 113

L

Lammfleisch
  Gebackenes Lamm 101
  Lammkaree mit Kürbiskernkruste 101
Linzer Torte 183

M

Mandelkoch mit Erdbeerragout 135
Marillen
  Marillenknödel 116
  Marillenmarmelade 151
  Marillenröster 149
  Marillenstrudel 161
  Wäschermadeln 175
Marmorgugelhupf 185
Maroni
  Maronireis 151
  Martinigansl mit Maroni-Blaukraut 104
  Palatschinken mit Maronicreme 115
Martinigansl mit Maroni-Blaukraut 104
Millirahmstrudel 164

Mohn
  Germknödel 125
  Mohnnudeln 121
  Mohnstrudel 163
  Palatschinken mit Powidl und Mohn 113
Mohr im Hemd 133

N

Nockerln
  Eiernockerln mit grünem Salat 44
  Hechtnockerln auf Blattspinat 79
  Kalbsrahmgulasch mit Butternockerln 55
  Salzburger Nockerln 128

P

Palatschinken
  Palatschinken mit Birne und Kürbiskernkrokant 113
  Palatschinken mit Maronicreme 115
  Palatschinken mit Powidl und Mohn 113
  Schoko-Nuss-Palatschinken 115
  Topfenpalatschinken 110
Panadlsuppe 24
Paprikahendl 65
Paprikaschoten
  Gefüllte Paprika mit Paradeissauce 47
  Paprikahendl 65
Paradeiser, Gefüllte Paprika mit Paradeissauce 47
Pichelsteiner 50
Polsterzipfe 170
Powidl 151
  Gefüllte Buchteln mit Kanarimilch 127
  Palatschinken mit Powidl und Mohn 113
  Powidltascherl 122

R

Räucherforelle auf Rahmgurken 75
Rehrückenfilet mit Erdäpfel-Sellerie-Püree 103
Rhabarbertörtchen 177
Ribiseln
  Grießschmarrn mit Ribiselsauce 143
  Ribiselmarmelade 151
Rindfleisch
  Adjutantenrouladen 87
  Beinfleisch mit Cremespinat 61
  Fiakergulasch 58
  Gefüllte Paprika mit Paradeissauce 47
  Pichelsteiner 50
  Rindfleischsalat 75
  Rindssuppe 18
  Rotweinbraten mit böhmischen Knödeln 95
  Saftgulasch 57
  Tafelspitz mit Apfelkren, Schnittlauchsauce und Rösterdäpfeln 97
  Tafelspitzsulz 72
  Tiroler Gröstl 70
  Zwiebelrostbraten 90
  Esterházy-Rostbraten 93
Rindssuppe 18

Rohrnudeln
　Schneckennudeln 167
　Zwetschkenrohrnudeln 167
Rotweinbraten mit böhmischen Knödeln 95

S

Sachertorte 186
Saftgulasch 57
Salat
　Backhendlsalat mit Kernöl 77
　Grüner Salat 44
　Rindfleischsalat 75
Salatgurke, Räucherforelle auf Rahmgurken 75
Salonbeuschel 53
Salzburger Nockerln 128
Sauerkraut, Szegediner Gulasch 57
Saure Nierndln 53
Scheiterhaufen mit Himbeersauce 136
Schinken
　Schinkenschöberln 21
　Überbackene Schinkenfleckerln 36
Schlosserbuben 175
Schneckennudeln 167
Schokolade
　Mohr im Hemd 133
　Sachertorte 186
　Schoko-Nuss-Palatschinken 115
Schwammerl
　Eierschwammerlgulasch mit Semmelknödeln 49
　Schwammerlsuppe 29
　Wiener Erdäpfelsuppe 27
Schweinefleisch
　Adjutantenrouladen 87
　Gefüllte Paprika mit Paradeissauce 47
　Herrengröstl 70
　Pichelsteiner 50
　Schweinsbraten mit Serviettenknödel 98
　Steirisches Wurzelfleisch 63
　Szegediner Gulasch 57
　Tiroler Gröstl 70
Sellerie, Rehrückenfilet mit Erdäpfel-Sellerie-Püree 103
Semmelknödel, Eierschwammerlgulasch mit Semmelknödeln 49
Soufflé
　Salzburger Nockerln 128
　Topfensoufflé 131
Spargel, Kalbslungenbraten mit Spargel 89
Spinat
　Beinfleisch mit Cremespinat 61
　Hechtnockerln auf Blattspinat 79
Steirisches Wurzelfleisch 63
Strudel
　Ausgezogener Apfelstrudel 156
　Kirschstrudel 161
　Marillenstrudel 161
　Millirahmstrudel 164
　Mohnstrudel 163
　Topfen-Birnen-Strudel 159
　Weintraubenstrudel 163
Sulz, Tafelspitzsulz 72
Suppe
　Frittatensuppe 23
　Grießnockerlsuppe 21
　Kaiserschöberlsuppe 21
　Kürbiscremesuppe 30
　Panadlsuppe 24
　Rindssuppe 18
　Schwammerlsuppe 29
　Terlaner Weinsuppe 24
　Wiener Erdäpfelsuppe 27
Szegediner Gulasch 57

T

Tafelspitz mit Apfelkren, Schnittlauchsauce und Rösterdäpfeln 97
Tafelspitzsulz 72
Terlaner Weinsuppe 24
Tiroler Gröstl 70
Topfen
　Marillenknödel 116
　Topfen-Birnen-Strudel 159
　Topfengolatschen 169
　Topfenknödel mit Walnussbröseln 121
　Topfenpalatschinken 110
　Topfenschmarrn mit Beeren 145
　Topfensoufflé 131

U | V

Überbackene Schinkenfleckerln 36
Vanillerostbraten (Variante) 90
Vogerlsalat, Backhendlsalat mit Kernöl 77

W

Walnüsse, Topfenknödel mit Walnussbröseln 121
Wäschermadeln 175
Weichseln, Mohr im Hemd 133
Weinsuppe, Terlaner Weinsuppe 24
Weintraubenstrudel 163
Weißkraut, Krautfleckerln 36
Wiener Erdäpfelsuppe 27
Wiener Faschingskrapfen 173
Wiener Kipferlschmarrn 146
Wiener Schnitzel mit Erdäpfelsalat 85

Z

Zwetschken
　Powidl 151
　Zwetschkenknödel 119
　Zwetschkenrohrnudeln 167
　Zwetschkenröster 149
Zwiebelrostbraten 90

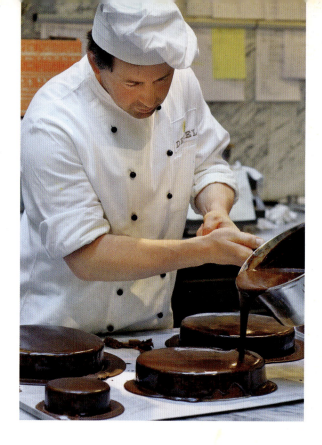

Wir, die Fotografinnen Ulrike Schmid und Sabine Mader, bedanken uns bei allen Mitwirkenden und großen und kleinen Helfern insbesondere den vielen hilfsbereiten, freundlichen Wienern, die unsere Tage in Wien zu einem ausnahmslos positiven Erlebnis gemacht haben!

Dem **Gasthaus Wild** für große Gastfreundschaft und einige wunderbar entspannte Abende bei Wein und Bier. Auf unsere Frage, was denn eigentlich der Unterschied zwischen einem Gasthaus und einem Wirtshaus ist, erklärte man uns: In einem Wirtshaus ist der Wirt der Chef, in einem Gasthaus der Gast!

Vielen Dank der **Kurkonditorei Oberlaa**, wo wir in wildem Feiertagstreiben trotzdem ein Plätzchen zum Fotografieren bekamen und deren Cremeschnitte umwerfend war!

Den Herren Staub Senior und Junior, im **Café Sperl**, die uns herzlich empfangen und sich in allem Rummel Zeit genommen haben für einen sehr kurzweiligen Ratsch.

Der **k.u.k. Hofzuckerbäckerei Demel** für zart schmelzende Sachertorten und himmlische Strudel, von denen ich leider nichts probieren konnte, weil meine Freundin sie in Minutenschnelle verputzt hatte.

Dem **Café Drechsler** für Raum und Zeit, leckere Eiernockerln und liebevollst verzierte Kaffees.

Dem **Café Central** für die herrschaftlichen Stunden mit »Sissi und Franz«.

Der **Alt Wien Kaffee-Rösterei** für handverlesene Kaffeebohnen.

Dem **Schwarzen Kamel** für einen schönen Tagesausklang mit echtem Wiener Schmäh.

Dem **Weingut und Restaurant Haijzan** für den wirklich sensationellen »Mohr im Hemd« und ausgezeichnete Weine.

Außerdem möchten wir uns bei der Firma **Riess-Emaille** für ihre wunderschönen Töpfe und Pfannen bedanken.

Zu Hause wurden wir von **Traudl Schmid** mit traumhaften Kuchen unterstützt.